Haiti, Un Pays à la Croisée des Chemins après Deux Siècles d'Indépendance

by

Romane St. Louis

authorHOUSE®

AuthorHouse™
1663 Liberty Drive
Bloomington, IN 47403
www.authorhouse.com
Phone: 1 (800) 839-8640

This book is a work of non-fiction. Names of people and places have been changed to protect their privacy.

Published by AuthorHouse 03/28/2016

ISBN: 978-1-4208-0010-4 (sc)

Print information available on the last page.

Any people depicted in stock imagery provided by Thinkstock are models, and such images are being used for illustrative purposes only. Certain stock imagery © Thinkstock.

This book is printed on acid-free paper.

Because of the dynamic nature of the Internet, any web addresses or links contained in this book may have changed since publication and may no longer be valid. The views expressed in this work are solely those of the author and do not necessarily reflect the views of the publisher, and the publisher hereby disclaims any responsibility for them.

Dans un pays où l'amour du prochain disparait, où l'amour de soi domine, le développement est difficile de se réaliser, sans une prise de conscience totale. Dans le cas d'Haïti, l'amour fraternel a disparu et aujourd'hui, il n'existe que le moi; et aucun pays au monde ne peut progresser sans une prise de conscience totale de ses fils, sans regarder son passé pour bâtir son futur. C'est la raison principale de mon livre, dédié à mon pays, à ma famille, aux intellectuels et aux anaphabètes.

C'est la voie la plus difficile d'essayer d'unir les fils d'une nation détruite par l'ambition et l'égoisme. "Haïti à la croisée des chemins après deux siècles d'indépendance" va-t-il créer un impact aux haitiens en les sensibilisant à vivre comme des frères ? Je ne sais pas; mais une chose est sûre, il faut un retour au " men anpil chay pa lou". Mille Mercis à ma femme, Magela qui m'ont aidé à réaliser ce travail, au professeur Gérard Gilbert du Centre de formation classique de Babiole, Turgeau, m'ayant donné une bourse d'études après la mort de ma mère, à la Faculté linguistique appliquée, principalement le doyen Pierre Vernet de son cours d'anthroplologie linguistique, et tous ceux-là qui m'ont aidé d'une manière où d'une autre; sans oublier, "AutorHouse" notre maison d'édition et plus particulièrement notre Dieu créateur.

Premier Avant-Propos

C *e livre est dédié au peuple haïtien, qui ressemble au peuple juif d'hier, à la recherche de son identité dont la seule différence est que le peuple juif était soudé, il s'entr'aidait et comprenait la douleur de son frère, mais ce lien est difficile de se réaliser en Haïti aujourd'hui à cause des contractions et des divisions sociales normes, en particulier, la division qui ronge les hommes politiques haïtiens qui, pendant des années laissent la haine, l'ambition du pouvoir les aveuglent. Dans ce livre, nous n'avons pas voulu critiquer la liberté d'expression ou de manifestation d'idées ou d'organisations des rassemblements, ou encore les hommes politiques haïtiens,mais nous avons voulu sensibiliser ou conscientiser tous les hommes et femmes du pays de travailler pour sortir Haïti dans la situation du sous-développement qu'elle patauge pendant deux siècles, le pays a toujours fait face à des crises socio-politiques interminables, à cause de l'aventurisme des politiciens. Dans cette histoire de douleurs et de misères, la nation haïtienne est la seule victime, à l'approche de 2004, où Haïti va célébrer ses deux siècles d'indépendance. Au moment où nous écrivons ce bouquin, certaines personnes pensent la seule solution pour Haïti est une autre dictature comme celle des Duvalier pour mettre fin à cette interminable transition, car si on regarde bien la situation, toutes les tentatives de* décrispation des situations de crises politiques haïtiennes ont souvent débouchées sur une autre crise politique. On dirait qu'Haïti n'est pas la priorité principale des hommes politiques haïtiens mais une voie sûre leur permettant de gagner du pognon. Ainsi, après le départ de Jean-Claude Duvalier, le 7 février 1986, de Henry Namphy à Leslie François Manigat à Henry Namphy deuxième version, de Prosper Avril à Ertha Pascal Trouillot, et même sur l'actuel gouvernement d'Aristide, Haïti continue de connaitre des crises politiques difficiles et la situation de misère dans laquelle vivent des millions haïtiens reste inchangée. Aujourd'hui encore, malgré la détermination de la jeunesse haïtienne, des paysans et de diverses couches sociales haitiennes, la vie est toujours dure.

L'élection d'un gouvernement démoctratique par le peuple haïtien, en février 1991, n'a pas pu l'aider à réaliser ses rêves; la démocratie tuée dans l'oeuf, ses aspirations à une vie meilleure n'ont jamais été rendues concrètes mais deviennent de plus en plus une utopie, ses problèmes ne font qu'accumuler; le pays connait toutes sortes de tribulations. Tout récemment, certains observateurs ont essayé de comparer Haïti au Vénézuela, surtout après le dénouement rapide de leur situation politique, ou encore la restitution au pouvoir de Hugo Chavez destitué pour une durée de 48 heures par l'état major de l'armée vénézuelienne, ce dénouement rapide a montré que l'armée vénézuelienne était perspicace, et apte à résoudre la situation politique dans son pays, et c'est un exemple que les hommes politiques haïtiens devraient prendre en considération, bien que la situation politique du Vénézuela reste dans une impasse. Mais nous savons bien qu'Haïti n'est pas Vénézuela... quand nous savons la situation politique et sociale du pays est agée de deux siècles; mais nous devons avoir honte de constater la résolution rapide de cette crise vénézuelienne mais, nous savons très bien que les politiciens haïtiens veulent toujours gagner sans rien concéder à leur adversaire, et se battent pour conserver le statu quo. D'autre *part, la communauté internationale devrait aider Haïti davantage, elle a beaucoup aidé jusqu'ici, mais la situation en place se décompose sans une raz-de-marée d'aides d'urgence des pays amis d'Haïti, dans le domaine de l'agriculture, de la santé, sur le plan touristique et dans d'autres domaines et aider le gouvernement haïtien à établir une culture de droits de l'homme en lui donnant l'assistance économique pour la mise en oeuvre de ce programme et enfin pardonner Haïti d'avoir voulu se libérer de l'esclavage, car malgré la mauvaise presse contre cette nation, Haïti reste et demeure un bon pays, plus précisément, son hospitalité, son histoire, sa beauté et nous en passons. Nous sommes convaincus que les touristes aimeraient bien la visiter, mais rien n'a été fait dans l'industrie du tourisme pour encourager les étrangers à venir en Haïti, cette nation qui a toujours été un pays de paradis; par son climat tropical, ses plages, sa culture et des faits saillants de son histoire que nous en parlerons un peu plus loin. D'un autre côté, notre grand frère, les Etats-Unis d'Amérique devraient faire plus d'efforts d'aider Haïti, malgré que certaines personnes pensent que les Etats-Unis ne veulent pas investir pour le développement d'Haïti, mais nous pensons qu'ils nous ont aidé, et nous sommes responsables de notre sous-développement et surtout de la mauvaise gestion de l'assistance économique internationale donnée au pays. Et, l'avancement du pays vers progrès devient de plus en plus difficile car les politiciens haïtiens ont juré que leurs intérêts sont plus importants que ceux de leur pays; ce sont ces idées qui nous ont poussées à appeler ce livre: <<Un pays à la croisée des chemins après deux siècles d'indépendance>>, ce titre nous a plu et nous pensons qu'il vous plaira aussi, quand vous terminez la lecture. Et quand nous regardons ce qui se passe actuellement à 90 jours de la célébration du bicentenaire, il est impératif que vous lisiez ce livre car il constitue l'âme de l'haïtien humiliée pendant deux siècles par ses propres frères. Survecus dans les moments les plus incertains, quand* la raisons de vivre n'existait plus, quand les colons n'avaient aucune envie de nous affranchir voulant poursuivre les haines contre les noirs et la première république noir du monde; battus, maltraités, enchaînés, assassinés, les esclaves ont enfin gagné la libertémais pas avant qu'ils ont pillé nos richesses et voler notre identitéculturelle et de nos biens et surtout de l'or.

Préface

C e travail ne constitue pas une réflexion politicienne mais les idées d'un observateur passionné de voir le développement d'une grande nation, et surtout d'essayer d'unir les fils d'une même patrie, bien que certaines personnes pensent que nous avions perdu la possession de notre esprit.

Une autre chose, nous avons pris la décision d'écrire ce livre en français pour permettre à tous les haitiens de le lire; nous pouvions l'écrire en Créole ou en anglais, mais nous avons porté notre choix sur le français et le traduire dans d'autres langues s'il est nécessaire. Nous pensons qu'une première lecture ne vous donnera pas l'essence de ce bouquin mais une seconde, une troisième et même plusieures autres vous permetteront de comprendre les idées qui s'y dégagent. Nous vous prions de le lire avec votre attention. Nous serons totalement ravis de recevoir vos critiques et suggestions, car elles nous permetteront de poursuivre notre travail pour le bonheur d'une nation détruite par nos stupides querelles et nos ambitions folles. Nous pensons que le moment est venu pour tout haïtien de se pardonner et de travailler main dans la main pour sauver Haïti, petit pays mais une grande nation.

Quand J'ai quitté mon pays, rien au monde ne pouvais m'empêcher d'écrire, surtout quand un événement ou une *histoire m'intéressent, surtout l'histoire d'Haïti, faite de crises et d'autres problèmes empêchant le développement du pays, ces problèmes sont d'ordres différents et méritent d'être analysés; ainsi, dans ce livre, nous allons considérer la situation de crise socio-économique et politique qu'Haïti fait face depuis deux siècles et plus particulièrement, les jours et les années passent; et les situations politiques, économiques et sociales Haïtiennes sont de plus en plus dures et horribles, malgré les diverses formes de gouverment que le pays aient connues au cours de son histoire. L'amour pour notre patrie, et le constat de l'état de décomposition de toutes les institutions du pays excitent notre passion d'écrire, et de plus, à force d'observer les diverses situations de querelles qui rongent la nation haïtienne, nous deviendons de plus en plus acharner de mettre nos idées en pratique, c'est-à-dire, d'analyser la situation politique, économique et agricole du pays au cours des années, y compris de la colonisation; des couches sociales, pour pouvoir dégager des idées qui nous permetteraient de bien comprendre la situation politique et sociale d'Haïti pendant deux siècles d'histoire. Aussi, n'est-il pas important d'analyser la classe politique haitienne ? N'a-t-elle pas contribuée à la création de la situation de misère dans laquelle patauge le pays pendant des années ?*

Après plus deux siècles de libération de l'esclave, Haïti fait face aujourd'hui encore à des situations difficiles; assez souvent, les médias en Haïti ainsi qu'à l'étranger parlent des différents conflits à travers le monde, et en particulier, et ils pointent du doigt la situation éconmique et politique, et d'inégalité sociale qui ravagent les différentes nations y compris la nation haïtienne, et nous voyons aussi des images troublant de résultats conflictuels dans nos petits écrans. Bien que l'histoire nous enseigne que le monde ait connu beaucoup de conflits; pendant des temps immémoriaux, ainsi, pour la commodité de notre livre, nous devons nous rappeler des conflits greco-perses, les conflits entre les catholiques et les protestants, et tout récemment les conflits entre les croates et les serbes, et paradoxalement, le conflit haitien que nous en parlons assurément ici. Nous savons très bien que les deux guerres mondiales ont été créees à la suite des conflits, et malgré, cette situation conflictuelle dans laquelle notre monde semble est prise, les partis en conflit ont trouvé une entente parfois, mais le conflit haïtien date des années les plus réculées n'a jamais trouvé une solution durable et la raison en est bien simple, les partis politiques en présence en Haïti semblent incapables de s'entendre en vue de conduire le pays dans la voie du progrès, et les situations qui se déroulent actuellement dans le pays prouvent qu'ils sont loin d'une entente politique qui pourrait aider les citoyens haïtiens à sortir de l'esclavage moderne et du coup permettre l'économie haïtienne à fleurir; pour aller plus loin, on dirait qu'il existe des mains invisibles empêchant aux citoyens d'un même pays, des fils d'une même patrie de vivre dans l'harmonie, de s'entendre ou de se pardonner. Existe-t-il une lueur d'espoir pour Haïti dans une situation chaotique pareille ?

Le progrès est-il possible tant qu'il existe des divisions, des inégalités, la lutte pour le pouvoir et l'ambition d'argent placés au-delà des intérêts supérieurs de la nation; Haïti a-t-elle une chance de tourner cette page noire de son histoire ? Y a-t-il un avenir meilleur pour Haïti après plus de deux siècles d'esclavagisme brutal et de crise politique indéterminée ? Existe-t-il une lueur d'espoir de voir ce pays tant torturer par les forces les plus féroces de ce monde de connaitre la paix sociale, le progrès et la liberté?

Avant d'entrer dans une profonde analyse de cette nation, nous devons remonter un peu dans l'histoire d'Haïti, à savoir, la République d'Haïti fut la première République Noire à se libérer de l'esclavage, en proclamant son indépendance le premier janvier 1804, l'histoire d'Haïti revèle que les puissances coloniales de l'époque ont pris la décision de punir Haïti pour cet acte hardis de se libérer; cette proclamation d'indépendance devrait lui coûter chère, à ne pas dire qu'elle constitue une conséquence directe du sous-développement, des crises politiques qu'Haïti fait face aujourd'hui; ainsi, les pays colonisateurs de cette époque comme l'Espagne, l'Angleterre et la France déclaraient qu'Haïti constituait une menace pour les autres colonies de la région, ainsi, elles ne reconnaissaient son indépendance qu'après des années, l'ironie du sort, Haïti a dû payer une forte somme d'argents à la France pour se faire oublier, nous voulons dire par là pour pouvoir reconnaitre son indépendance.

A insi, *après plus de deux siècles de libération sur papier, ce pays se trouve encore aujourd'hui dans l'impasse politique, du sous-développement, tant sur le plan d'infrastructure que sur le plan de superstructure, elle fait partie de ce qu'on appelle "tiers-monde" quand on considère les critères pour appeler un pays quelconque, pays industrialisé comme les Etats-Unis d'Amérique, la France, le Canada où nous constatons une poussée vertigineuse dans le domaine de la science, de la technologie etc...*

Ainsi, en considérant la situation économique d'Haïti aujourd'hui, le Fonds monétaire international l'a classée parmi les pays les plus pauvres du monde, et la plus surpeuplée de l'amérique; quelle honte après deux siècles d'existence d'État-Nation; et le pays continue de faire face à un marasme économique dévorant, ce sont ces raisons là et beaucoup d'autres qui nous ont poussées à appeler ce live "Haïti à la croisée des chemins; après plus deux siècles d'indépendance".

Au moment où plusieures organisations nationales et internationales se préparent à célébrer les deux siècles d'existence d'Haïti en tant qu'Etat libre, n'est-il pas important pour tous les haïtiens en Haïti comme à l'étrange d'essayer d'éradiquer nos moeurs, nos haines contre nous-mêmes, et de suspendre de taxer aux pays étrangers comme étant nos

1

oppresseurs, et d'accepter que nous sommes coupables, de voir que nous sommes nos propres oppresseurs, par nos manières d'agir avec nos concitoyens, de penser et surtout de trahir nos frères; en commençant par l'assassinat de Jean-Jacques Dessalines au Pont-Rouge; mais nous ne pouvons pas nier que les colons ont joué pieds et mains pour nous diviser, premièrement, en laissant leur trace dans le pays, et deuxièment, en faisant croire aux nègres pales haitiens qu'ils étaient supérieurs aux noirs; ainsi, ils ont encouragé la division dans le pays, et ont en profité pour régner et étouffer son économie; déxacée maintenant, mais comme nous l'avons dit tout au début de ce livre, nous sommes aussi coupables en grande partie de nos tribulations, car il existe du racisme chez nous; et en particulier, les difficultés, rencontrées dans les différentes couches sociales haïtiennes d'accepter ses frères pour ceux qu'ils sont, commencent dans nosentrailles, dans notre enfance, dans nos écoles, et même dans nos universités et se poursuivent par delà des horizons que nous ne pourrions atteindre, et la question que nous posons au moment même que nous écrivons ce livre, est celle-ci, pourquoi nous nous affligeons tant de peines, tant d'humiliations, pouquoi nous refusons de nous unir ? Bien que nous avions déjà eu des réponses dans introduction, mais il existe beaucoup d'autres réponses que nous devons développer tout au fil de nos réflexions, car la vie est dure pour tous les fils de ce pays, quelque soit son statut social, quelque soit la couleur de sa peau, nous sommes tous sujets du même sort, nous serons toujours appelés:" le pays le plus pauvre du continent américain", et malheureusement, c'est une vérité. Dans ce même odre d'idées, Un organisme international a déclaré dans une étude réalisée sur Haïti, publiée en 1993, qu'il existait des richesses énormes en Haiti, considérant qu'une poignée de gens dans la population vit dans des maisons luxueuses ou des chateaux, et possédant des voitures extrêmement chères, rapport se poursuivait et ajoutait que seulement un pour cent de la population détenait quarante six pour cent du révenu annuel du pays. Et malgré les différentes discutions alimentées dans la société haïtienne lors de la publication de ce rapport rien n'a été fait pour corriger ce problème, bien que nous avions aucun problème qu'il ait existé des gens riches en Haïti, car il en existe partout dans le monde; mais quelque soit le statut social de l'haïtien, riches ou pauvres; l'intérêt du pays devrait être primordial.

Quand nous posons les problèmes d'Haïti, nous avons trouvé des réponses complexes qui ont rapport à la case départ, et plus particulièrement, à notre indépendance, nos ancêtres n'ont pas préparé un projet de société pour Haïti, avant même de se battre pour l'indépendance, il devrait avoir un plan, avant même de se proclamer indépendant, comme d'autres pays l'ont fait; et cette gaffe politique, et tant d'autres actes irrefléchis nous poursuivent à travers l'histoire et ont conduit les institutions du pays à la dérive, et à beaucoup d'autres problèmes rongeant la société haïtienne, et aujourd'hui encore, nous ne pouvons résoudre nos problèmes sans un miracle de ciel ou nous serons obligés de vivre dans notre petit monde; il faut changer les choses, il faut changer notre manière de penser, de vivre, en un mot, il faut un changement de coeur pour déraciner le mal dans notre âme car les contradictions sociales haïtiennes sont profondes et compactes; il faut du courage pour une nouvelle société, un nouveau slogan pour une nouvelle Haïti et ce pacte doit-être mis en application en 2004; c'est l'unique condition pour sauver Haïti. De nos jours, quand les économistes, les sociologues et les journalistes ouvrent leurs bouches pour parler d'Haïti, la première chose qu'ils ont à dire, se résume ainsi" Haïti est le pays le plus pauvre de l'Amérique" sans aborder les raisons qui l'ont conduit à ce débacle économique, voire cette pauvreté, et ils n'ont pas fini, ils ajoutent que 80% des haïtiens vivent dans la pauvreté, à peu prés 70% de la population du pays dépend du secteur agricole, qui, consiste d'une poignée d'agriculteurs privés d'outils et de technologies modernes et n'ont qu' à travailler que sur des lopins de terres arides pour assurer leur propre subsistence et malgré ce constat flagrant, ce secteur de l'économie constitue les deux-tiers de l'activité économique du pays, ces informations sont fondées en considérant le caractère primitif de l'agriculture haïtienne, mais n'y-a-t-il pas aussi des points positifs de ce secteur agricole , car les paysans malgré leurs outils primitifs, ils nourrissent la majorité des haïtiens. Ces économistes ne font que critiquer ce pays.

Dans ce même ordre d'idées, la majorité des richesses qu'Haïti possédaient pendant la colonisation ont été volées ou s'envolées avec la disparition des grandes plantations sucrières de la métropole.

Nous, haïtiens, sommes toujours fiers d'avoir combattu l'armée française pour être indépendants, mais il est certain qu'Haïti fut libérée de l'esclavage, mais celui-ci a été remplacé par la haine, l'exploitation, la misère, la division, l'égoisme, la violence institutionnelle, la haine et des assassinats de cerveauxhaitiens, le pillage de la caisse publique, et j'en passe; et cette avalanche a créée des situations économiques et des crises politiques sans issues et refont surface tout au long de l'histoire, tout au long de notre vie; cette histoire qui est truffée de coup d'Etat militaires sanglants et des régimes dictatoriaux a entrainé le pays dans un état de pauvreteté inexplicable. Ainsi, l'armée américaine est intervenue en Haïti plus de huit fois, pour rétablir l'ordre, et ses plus récentes interventions en Haïti, en 1994, pour la restitution du président élu démocratiquement d'Haïti, Jean-Bertand Aristide, mais ces interventions n'ont pas pu créer un climat de paix, de stabilité sociale et économique en Haiti, mais en fait les souffrances des haitiens se poursuivent, le plus souvent on a assisté aux désordres politiques et sociales, aux chômages, à la dévaluation de la gourde haitienne, à l'augmentation de la misère pour ne citer que ceux-là. Et, et en 2004, les marines sont forcés de regagner Haïti.

De plus, les pays appelés "pays amis d'Haïti" lui ont promis de l'aide éconmique après le retour d'Aristide, mais cette aide n'a pas été donnée au pays, entre-temps, les misères et la faim font rage en Haiti et emportent des enfants innocents haitiens avec elles, et Dieu seul sait quand la condition de vie des haitiens s'ameliorera; les choses changeront-elles cette fois ?

Après le départ de Jean-Claude Duvalier sous la pression de la population et de l'armée d'Haïti, le 7 février 1986, après plus de trente ans de dictature féroce, le pouvoir politique est tombée aux mains des militaires, qui ont eu peu d'expériences politiques et de gestion de pouvoir, ainsi, ils ont raté l'occasion d'aider le pays à connaitre le progrès économique et du même coup de conduire la nation vers le développement, car, ce gouvernement avait reçu de l'aide économique internationale en grande quantité, mais, une fois de plus, ils ont commis l'erreur de ne pas pouvoir saisir L'occasion de montrer aux pays développés qu'ils étaient aptes de préparer un plan économique pour la société Haïtienne, ils ont commis les mêmes fautes que les héros de l'indépendance ont commises, c'est-à-dire, ils se sont enrichis et s'enfoutaient de la misère du peuple haïtien; et on a assisté à la dévaluation de la monnaie nationale, qui, depuis lors n'a pas pu se récupérer ; sur ces dirigeants politiques, Haïti s'est de plus en plus s'enfondrée dans la misère noire, dans la pauvreté, et de la stagnation de l'économie, et en un mot, la nation haïtienne s'est enfondrée encore plus dans le sous-développement; et il y avait eu comme toujours l'usurpation, malgré la joie du peuple haïtien, après qu'il s'est débarassé des Duvalier, au mois de février 1986, la mafia politicienne voulant d'être riches créant des "partis politiques"; et des organisations populaires qui n'avaient aucun but que d'organiser des manifestations régulières dans la capitale et dans les villes de province, ces protestations se sont terminées souvent en queue de poisson ou dans la violence, des dérapages, cette situation alarmante a souvent poussé la police haïtienne, qui n'avait pas l'expérience démocratique, à l' usage de la force, en conclusion, nous avons constaté la destruction de la beauté du pays, des actes de pillages des biens l'Etat et des citoyens haïtiens. Une fois de plus; ces actes barbares ont poussé les observateurs voulant dénigrer Haïti à appeler les haïtiens un peuple sauvage, une connotation qui en dit long, et qui ne ressemble pas au bon peuple haïtien, trop longtemps abusé et bafoué de ses droits. On a assisté aussi à une théâtre de répétition de coup d'Etat en Haïti, d'un général à un autre, et en 1988, Leslie François Magnigat a été proclamé Président après une élection constestée, organisée par l'armée d'Haïti, mais ce président avait en tête de se débarasser du général Namphy, qui a lu ses intentions, l' a renversé par un coup d'Etat après avoir passé six mois au pouvoir, et le général Namphy, a lui aussi connu le même sort, car le général Prospère Avril, soutenu par la base de *l'armée a pris le pouvoir et l'envoyer en exil. Avril, actuellement en prison en Haïti, a commencé le détèlement de l'armée; en incitant une bataille rangée au sein de des différentes composantes de l'armée, ainsi, le corps des léopards, une force spécialisée dans le combat des térroristes a été détruite. Pour revenir à nos moutons, en 1803, Haïti a été la première république noire, elle a été aussi la deuxième république après les Etats-Unis à s'affranchir de la domination coloniale, elle était aussi,la première colonie d'esclaves du nouveau monde, du seizième et du dixhuitième siècles, et Haïti est l'unique nation du monde créée de la révolte des esclaves, l'histoire de cette nation, constituée de faits extraordinaires surtout de la bataille remportée par l'armée indigène, c'est-à-dire "l'armée des esclaves" à vertières, au Gonaives en 1803, et beaucoup d'autres faits saillants illustrant la beauté de l'histoire de ce pays, bien que les généraux de l'armée indigènes remplacèrent les anciens colons à leur tour ,surtout en s'appropriant de la terre nouvellement conquise, divisant le pays en deux parties, leur insensibilité, leur ambition aveugle de pouvoir, l'envie d'être riches; et Dessalines, en se proclamant empereur du nouvel État, a commis la plus grande erreur et ainsi a freiné l'épanouissement de la nouvelle république d'Haïti, et beaucoup d'autres actes des généraux ont connu leur paroxysme, plus particulièrement quand ils se sont mis d'accord de s'approprier de la terre nouvellement conquise, Cette répartition des terres entre les leaders de l'armée haïtienne allaient créer la situation de division qu'Haïti connait encore aujourd'hui; ces terres qui constituaient le principal moyen de production des paysans pour pouvoir rentrer un peu d'argent autrement dit leur carnet de banque deviendrait ainsi la propriété de ceux-là qui ne la travaillaient pas, alors que les paysans sont chassés dans les coins les plus réculés du pays; d'autant plus que ce partage des terres de l'État entre les généraux comme leur propriété privée était une décision applaudie par les généraux, non seulement, ils ont pris les terres nouvellement conquises, ils se sont installés aussi dans les villes tout en forçant les paysans à s'établir de plus en plus sur les terres arides. Nous devons nous rappeler que du temps de la colonie, Haïti d'aujourd'hui, St-Domingue d'alors, était aussi la plus ancienne colonie de la France, convoitée par les puissances coloniales européenes parce qu'elle était la plus riche et la plus prospère grâce à ses grandes plantations de la terre de café; d'épices ou encore pour être plus précis de ses nombreuses productions sucrières, ainsi, aujourd'hi, la misère d'Haïti réside dans sa faillite des autorités haïtiennes d'aider les paysans haïtiens de cultiver la terre, dans la migration de la population vers la capitale, c'est-à-dire, dans la faillite du gouvernement haïtien d'aider les paysans, d'investir dans le domaine de l'agriculture, d'une réforme agraire, tout en donnant aux agriculteurs haïtiens les techniques agricoles modernes, c'est-à-dire de donner aux paysans des moyens adéquats leur permettant d'entrer assez d'argents, ainsi, ils ne pas seront pas forcés de venir dans la capitale; et ces mesures pourraient aider l'économie haïtienne aux abois à fleurir, cette économie a plongé tous les autres systèmes de fonctionement de la société dans le chaos et y compris l'apprauvrissement du pays. La stagnation de l'économie a poussé la nation de plus en plus dans la misère et au sous-développement. Cette situation desastreuse de la nation haïtienne en l'an 2002 est une une conséquence flagrante de l'inconséquence et de la négligence de nos dirigéants haïtiens, qui n'ont pas pris les mésures nécessaires en vue d'éviter ce chaos politique et cet imbrolio économique qu'Haïti fait face actuellement, et surtout d'éviter la misère dans laquelle vivent des millions d'haitiens et surtout les multitudes de division existant dans la société haïtienne, entre les riches, la classe moyenne et les millions de pauvres qui s'élargissent de jour en jour en Haïti, et surtout la mauvaise distribution des richesses du pays, en particulier, de la terre, cette terre qui, est à la base de tous les conflits d'aujourd'hui et d'ailleurs, et la disparution des terres arables du pays emportées par l'érosion et le manque d'efforts de concentrer toutes les forces vives de la nation dans le reboisement d'Haïti; car cette érosion emporte les bonnes terres haïtiennes; et ce problème ne pourrait être résolu que si les nègres haitiens quelque soit la couleur de leu peau surtout les haïtiens riches qui ont tous les pouvoirs, et les moyens de sauver Haïti donnent de l'importance à la paysannerie haïtienne et cessent de se concentrer dans les villes et surtout d'enterrer la haine contre leurs frères; et plus particulièrement de réduire cette ligne de démarcation entre les bourgeois, la classe moyenne et les paysans, en particulier cette tendance de la classe moyenne haïtienne de faire tout ce qui est nécessaire pour être riche, qu'elle ne constitue plus une bande d'opportunistes qui attendent le moment opportun pour se lancer dans la politique aventuriste qui metterait en péril la nation haïtienne ne tenant compte de l'intérêt du pays, et que la population fait des efforts de respecter les biens des citoyens, c'est-à-dire de ne pas accepter de l'argent ou des promesses des hommes politiques pour aller brûler les maisons des gens qui ont travaillé durs pour les posséder, et du coup créer un esprit de solidarité entre les fils d'un même pays; tout récemment, on a constaté un retour à la plantation de la canne-à-sucre que le pays exporte à l'étranger, mais ceci ne suffit pas, la production nationale ne peut même pas nourrir la nation haïtienne, le pays est poussé d'acheter plus à l'étranger que de poduire, malgré l'importation des produits des premières nécessités de l'extérieur, le pays reste incapable de nourrir la majorité de ses fils et on a constaté le ravage de la malnutrition sous les yeux impuissants des dirigeants haïtiens. Nous savons que certaines personnes peuvent lire ce livre et rire aux éclats, en se demandant, avons-nous perdu la possession de notre esprit, mais une chose est certaine dans tous les pays du monde "l'union fait la force", Haïti a besoin de tous ses fils de bonne volonté pour l'aider à sortir de son état de délabrement, mes frères, après avoir passé toute notre vie en Haïti, et après avoir vecu dans un autre pays et voir le lien solide et d'amour et de fraternité soudant les américains, et surtout leur sens de patriotisme leur esprit de compétition et leur amour pour le travail et la liberté ; nous sommes certains qu'il ne soit pas trop tard de nous unir pour une cause commune, celle de travailler pour sauver Haïti; aussi, pouvez- vous nous appeler un idéealiste? Mais notre conscience ne serait jamais en paix, si nous n'écrivions pas ce livre et de vous implorer de le lire et de le critiquer. Sous le plan de santé, Haïti a un taux élevé de tuberculeux, de malaria et de dysentrie et maintenant, le pays fait face à l'épidémie du sida comme tous les autres pays du monde, cette situation est une casse-tête pour Haïti exposée déjà à des conditions économiques précaires et aussi à la propagande méchante de certains agents racistes internationaux et nationaux voulant l'humilier ou pour décourager les touristes de se rendre en Haïti. Quand est-il des haïtiens vivant à l'étranger communément appelés "diaspora" un mot utilisé par les juifs au moment de leur tribulation imposée par les nazis, mais ils ont ce que nous n'avons pas l'amour fraternel et l'esprit de partage, un mot, un pour tous et tous pour un, si nous pouvons paraphraser les mousquetaires. Ce lien ombilical total n'existe pas dans la communauté haïtienne. La division ronge les communautés haïtiennes de la diaspora, cette division héritée des contradictions sociales implantées en Haïti; ces groupes d'haïtiens sont déchirés par la polémique et l'égoisme, cette communauté, malgré les bonnes volontés de certains haïtiens et le bon coeur de certains d'autres, la dévise de la nation haïtienne est loin de se faire sentir, c'est-à-dire "lunion fait la force" ou encore "nen pran kou je kouri dlo". La bataille politique qui se déroule en Haïti actuellement a eu une grande répercussion à l'étranger, en effet, les partis politiques en présence en Haïti, ont leur représentant dans la communauté haïtienne, ces représentants représentent des agents de division au sein de cette communauté, en écoutant les différentes stations de diffusion de nouvelles, nous pouvons voir cette grande lutte pour le contrôle de pouvoir en Haïti.*

Mais les haïtiens de la diaspora commencent à comprendre les jeux des politiciens, maintenant, et la raison en est simple, ces politiciens ne donnent aucune considération à leur aspiration, à leur rêve de voir les haïtiens en Haïti s'entendent, car il en va même de leur existence en tant que politiciens. Malgré les divisions dans la communauté haïtienne, elle fait face aux situations difficiles communes, mais elles representent une force productive dans les pays étrangers d'où ils vivent, par leur amour pour le travail et le sens du sérieux. Sur le plan touristique, Haïti, ne fait pas de progrès, faute de la mauvaise langue de certaines institutions touristiques internationales inventant des prétextescomme le sida pour faire peur aux touristes étrangers voulant se rendre en Haïti. Selon un rapport que nous avons recueili sur l'activité touristique en Haïti, nous avons constaté qu'il existe un grand écart par rapport aux années précedentes; en effet, en 1981, le tourisme rapportait à l'économie du pays plus de 85 millions de dollars américains, selon les détracteurs d'Haïti, les touristes cessent de visiter Haïti pour cause du virus d'himmuno-déficience humaine (VIH) ou encore le sida. Cependant, Malgré ces campagnes de dénigrement contre Haïti, ce pays reste et demeure une nation que les touristes aiment visiter pour ses monuments historiques, ses plages, son climat tropical, tant d'autres éléments culturels et en particulier son hospitalité. Sur le plan juridique, Haïti n'a pas fait de progrès non plus, le système judiciaire haïtien est truffée de corruptions et d'incompétences, en effet, les actes juridiques du pays se vendent aux enchères, la justice est rendue aux plus offrants, c'est-à-dire, l'argent constitue une étape importante dans la distribution de la justice, l'appareil judiciaire haïtien est quasi-inexistant. Dans les prisons, les prisonniers s'empilent et dépassent le délai de quarante-huit heures pour être présentée par devant leur juge naturel; et nous nous questionnons sur la séparation de pouvoir en Haïti, comme la Constitution du pays l'a stipulée, le respect de la loi constitue un problème important que le pays ait connue depuis l'indépendance, qui se résume bien en Créole ainsi "konstitisyon se papye bayonèt se fè" cette culture de la violation des droits des citoyens haïtiens va au-delà des principes des Nations Unies qui ont rapport au respect des droits de l'homme. A la suite du coup d"Etat de 1991, la mission civile envoyée en Haïti par les Nations Unies et de l'OEA en vue d'enquêter sur la situation des droits humains, avait initiée un programme de la formation aux droits de l'homme et d'éducation civique, ce programme avait pour objectif d'aider les organisations de défense des droits de l'homme en Haïti, de se mieux préparer d'aider les haitiens bafoués de leur droit; cette compagne devrait se poursuivre à la Police Nationale Haïtienne, à l'école de la magistrature créée tout récemment. Tous ces efforts avaient pour seul objectif d'aider le pays à une culture des droits de l'homme, où les droits de tous ses citoyens sont protégés comme la Constitution de 1987 l'a prescrite. Sous le gouvernement des Duvalier, le respect des droits des haitiens s'était empirée, en effet, François Duvalier, "Papa doc" était un cauchemar pour les hommes politiques haïtiens, ainsi, la majorité des politiciens s'étaient réfugiés dans les pays étrangers, certains obsrvateurs font remarquer que "Papa doc" s'habillait toujours en couleur noire, on croyait qu'il était "baron samedi" detenant le pouvoir de vie ou de mort. pour arriver au pouvoir, il avait fait assassiner la majorité de ses opposants, et après avoir pris le pouvoir avec l'appui de l'armée d'Haïti spécialement du général Antonio Th. Québreau, il a fait exiler ou tuer ses opposants y compris le général Antonio Québreau, qui lui a donné le pouvoir, ainsi que des officiers qualifiés de l'armée d'Haiti; Duvalier père a tellement abusé de ses autorités que le pape Paul VI l'avait excommunié, entre-temps les corruptions rongeaient son gouvernement, et surtout l'enrichissement de sa famille et de ses principaux associés. L'histoire rappelle que François Duvalier était ministre du travaille sur le gouverment de Dumarsais Estimé, et le coup d'Etat réalisé par la junte militaire de 1946 contre ce gouvernement dont il fasait parti, et toutes les mesures prises à posteriori y compris toutes les machinations politiques qui en dérivaient, lui a donné une leçon de ne jamais confier les militaires du pays, et surtout la prise du pouvoir par le colonel Magloire, lui a révolté, cette expérience l'a convaincue que s'il voulait diriger l'État haïtien, il lui faudrait une force parallèle à l'armée, ainsi; arriver au pouvoir en 1957, il a dû créer la milice dénommée (tonton-macoute), selon un ancien militaire, ces tontons-macoutes opéraient pendant la nuit avec des cagoules, ainsi jusqu'à nos jours, personne ne sait où Clément Jumelle était enterré, d'autres politiciens ont connule même sort, parmi eux, le bras droit de Duvalier, Clément Babeau, assassiné à la Plaine, une banlieue près de la capitale; il a été accusé par Duvalier de vouloir prendre le pouvoir. C'est l'une des principales raisons qui a poussé François Duvalier a nommé Antonio Québreau ambassadeur d'Haïti à Rome, mais Québreau ne pouvait pas y rester, ainsi, il voyageait souvent de Rome à Haïti, mais ces petites visites ne plaisaient pas au présidentDuvalier , qui, l'a fait empoisonné au cours d'une cérémonie au palais national. Ainsi, Duvalier a utilisé des forces paramilitaires pour éliminer physiquement et systématiquement tous ceux qui empêchaient à son gouvernement de fonctionner, il a été remplacé par son fils Jean-Claude Duvalier, en 1971, qui, en 1980, s'est marié avec Michèle Bennett; et ce mariage allait mettre fin à sa présidence après plus de trente années de dictature, de la répression, de tortures et de la peur institutionnalisées caractérisant son régime. Chasser du pouvoir le février 1986, après un soulèvement populaire soutenu par les forces armées, Jean-Claude Duvalier a trouvé l'asile politique en France où il vit avec sa famille. Sur le gouverment de Duvalier, les forces paramilitaires ont forcé les politiciens, les hommes de couleur, appelés "nègres pales[1], les riches et les cerveaux haïtiens à s'exiler dans les pays étrangers, on a vu la fuite des professeurs haïtiens vers l'Afrique et le Canada, et on a aussi constaté une courbe asymétrique de la situation de misère du peuple haitien, la crise économique du pay et la condition de vie des haïtiens s'empiraient de plus en plus. Et malgré les armes des forces paramilitaires, ces dirigeants politiques ont quitté le pays sous pression des milliers de jeunes haïtiens soutenus par l'armée d'Haïti, qui avait aussi son propre agenda.

Pour continuer avec le rapport de la Banque Mondiale sur Haïti, qui a stipulé qu'un pour cent de la population haïtienne reçoit quarante six pour cent du revenu annuel, et un peu plus loin on ajoutait qu'il existait, deux cent millionnaires en Haïti en 1993, vivant dans l'extravangance, alors que, à cette époque, sur quatre haïtiens, trois d'entre eux vivaient dans une misère noire et la majorité des enfants sont tuberculeux. Ce rapport voulait montrer aux haïtiens que le moment était venu de s'unir, mais en l'an 2002, la situation reste inchangée et s'il n'est pas détériorée davantage. La destruction de nos valeurs, de nos moyens deproduction, c'est-à-dire la prise des terres des paysans, le pillage de la caisse publique, la haine entre les classes sociales haïtiennes, le détournement de l'aide étrangère, la mauvaise distribution et de gestion de la terre en Haïti et j'en passe contribuent au sous-développement et aux conditions pénibles de vie que l'haïtien fait face aujourd'hui, et Dieu seul sait les conditions d'Haïti dans un avenir proche, et si nous ne sommes pas condamnés à vivre ainsi pour le reste de notre existence car nos divisions sont trop profondes; en regardant les conditions que notre Haïti chérie en 2002, et l'empourissement des conditions de notre économie après plus de deux siècles d'existence, nous avons envie de pleurer mais nous avons la foi que cette nation ne mourra pas. Quand nous regardons les structures sociales haïtiennes *jusqu'à cette heure, malgré les guerres de révolution, on a toujours l'impression que les anciennes structures coloniales s*ont belles et bien en application en Haïti, au moment que nous *écrivons ce livre;* cela va s'en dire que les choses ne sont pas changées *que les conditions de subsistence sont* les mêmes, c'est-à-dire que rien n'a *été vraiment fait pour déraciner l'esclavage, le déchirement des fils d'une même nation, sinon les colons haïtiens ont pris la place des colons français, en jetant un coup d'oeil sur* les anciennes structures *héritées de la colonie française: nous avons vu que les classes sociales étaient réparties ainsi, les colons blancs qui constituaient la classe dominante, les noirs relégués au second plan et parmi ces deux classes, il y avait les affranchis, libérés par* leurs maitres blancs jouissaient de certains privilèges, ou des droits; aujourd'hui, ces faits sont toujours présents et, en regardant la société haïtienne à l'approche du bicentenaire, *en dépit des idéalistes qui nous font croire que les structures coloniales ont été détruites avec la révolution haïtienne, mais les faits sont bels et bien présents, et nous avons les raisons de croire le contraire, en effet, au moment où toutes les composantes de la société haïtienne vivent une crise politique infinie, qui a prit naissance depuis bien des* *années, à cause de l'insensibilité des classes sociales en Haïti, basées sur les constitutions mêmes de l'époque coloniale et surtout les grandes contradictions sociales d'aujourd'hui ressemblant à celles des temps de la colonisation, bien qu'en pratique les pactes ne sont plus les mêmes, mais ils sont présent en catimis; en dépit qu'Haïti est un pays libre et souverain, mais on dirait qu'il existe des mains invisibles l'empêchant de survivre, ou plus précisément ses propres fils se transforment en colons ou en mercenaires, et contribuent à plonger le pays de plus en plus dans l'ignorance, la haine, la jalousie et le sous-développement. Comme nous l'avons dit, les structures sociales dans la vie du peuple haïtien d'aujourd'hui ont belles et bien des ressemblances à celles du temps qu'Haiti était la colonie française, bien qu'Haïti ne soit plus sur la tutelle d'une métropole à découvert, mais on dirait malgré la révolution de 1803, rien n'a changé, ou en fait, les nationaux ont pris la place des colons; ou bien les pays colonisateurs ne veulent pas voir le développement d'Haïti, ou encore lui faire payer son indépendance comme nous l'avons mentioné dans les idées précedentes. Au cours des gouvernements des Duvalier, Haïti a reçu de l'aide internationale en quantité et cet argent a été soit envoyé dans les banques étrangères, soit volé par certains ministres haïtiens pour acheter des chateaux à l'étranger, et les pays donnateurs le savent bien mais ils ne faisaient rien pour le stopper, parce ce que tôt ou tard cet argent va retourner dans les banques d'où il provenait; c'est-à-dire dans les banques étrangères alors que le peuple haïtien continue de patauger dans la misère et Haïti doit payer ses dettes, bien que ses dirigeants aient détourné l'aide sans aucune crainte la loi les punirait. février 1986, le peuple haïtien avait démontré au monde entier qu'il savait ce qu'il voulait en chassant du pouvoir le gouvernement de Jean-Claude Duvalier mais on dirait qu'Haïti est une femme bafouée, perdue sa dignité qui n'a aucune chance de pouvoir vivre libre et de s'épanouir, elle fait toujours face à des forces visibles et invisibles l'empêchant de* progresser, on dirait que toutes les portes lui sont fermées et pourquoi? Un écrivain urugrayen qui dénoncait l'intervention étrangère en amérique latine eut à dire:" Haïti est le pays le plus maltraité par les pays riches, les banques internationales l'humilient, les commerçants l'ignorent, les politiciens lui ferment les portes au nez" il continuait ainsi, tout récemment, elle a connu la démocratie, mais les militaires et les forces ultérieures l'ont assassinées dans l'oeuf par le coup d'Etat sanglant du Général Raoul Cédras, le 29 septembre 1991. Eduardo Gallado, de poursuidre, après troisannées en exil, le président Aristide a été rétabli dans ses fonctions en Haïti avec l'appui des Etats-Unis et de la communauté internationale, mais Aristide ne pouvait rien faire car il ne lui restait que peu de temps. Selon lui, les Etats-Unis n'ont jamais voulu du bien pour Haïti, les faits sont présents, au cours de l'intervention, les GIs ont pris plus de 160,000 pages de documents contenant les noms des principaux assassins du Coup d"Etat de 1991, et le gouvernement des Etats-Unis avait réfusé de les remettre au gouverment haïtien, les Etat-Unis, ont pendant la période d'occupation, de 1915-1934, forcé Haïti de lui payer ses dettes et permettre l'amendement de la constitution d'Haïti pour permettre aux commerçants étrangers d'acheter les grandes plantations de café haïtiennes et d'autres institutions; a conclu Robert Lansing, Secrétaire d'Etat américain l'époque ,il a justifié l'ocupation militaire brutale d'Haïti; en déclarant que les haitiens étaient incapables de se gouverner eux-mêmes, e t qu'il fallait aux Etats-Unis de prendre les mesures nécessaires: " les noirs ont tendance à la sauvagerie et ils n'ont pas la capacité physique de vivre dans une société civilisée".Dans cette même ligne d'idée, nous devons nous rappeler que la colonie française de St-domingue, Haïti aujourd'hui, était la colonie la plus prospère comme nous l'avons dit tout au début de celivre, cette colonie contenait des plantations très énormes de sucrerie que les esclaves produisaient. Le philosophe français, en l'occurence Montesquieu, l'expliquait *d'une manière plus explicite; en effet, il a déclaré ceci: " s'il n'y avait pas d'esclaves noirs pour produire le sucre á St-domingue, celui-ci aurait été coûter trop cher, ces noirs..., Dieu ne pouvait les créer car il est un sage, il ne pourrait créer un être si noir, il aurait été préférable de donner des bâtons à leurs bourreaux pour les foueter."*

En 1803, l'armée indigène était victorieuse de l'armée Napoléonienne, les anciens pays colonisateurs de l'Europe n'ont jamais pardonné la victoire de l'armée indigène sur l'armée française, ainsi, un des pays colonisateurs eut à dire que les pays pro-colonisateurs ne pouvaient accepter que les mêmes erreurs commises en Haïti se repétaient dans les autres colonies, ainsi, ils avaient pris la décision de la punir pour avoir osé d'entrer en rébellion contre la métropole voire de se déclarer libre, cette hostilité des pays colonisateurs aussi bien de la métropole française était une façon pour dire qu'Haiti, première république noire du monde, de la Caraïbe, cette nation née du sang de ses citoyens, allait être asphyxiée par les grandes puissances, et comme exemple flagrant, aucun pays ne voulait acheter ses produits, ou lui en vendre voire les exporter, ou plus particulièrement la reconnaitre en tant qu'une nation souveraine, libre et indépendante; cette haine de plus deux siècles se poursuit encore aujourd'hui, en considérant la situation de pauvreté dans laquelle Haïti est pataugée, et ceci depuis des années; sous le plan économique, politique et sociale sous les yeux impuissants des pays "amis d'Haïti".

Tout au long du Conseil National de Gouvernement, l'économie haïtienne a fait marche arrière car les principales forces de la vie économique ont été reléguées au second plan, ainsi, les paysans haïtiens qui, comme nous l'avons mentionné tout au cours de ce livre constituent la force motrice de l'économie étaient méprisés, battus, assassinés, leurs plantations brulées et les principalement usines du pays fermées. Et nous devons rappeler que ces pauvres paysans n'avaient rien fait que de réclamer une parcelle de terre pour planter leurs denrées, ainsi, ils ont été victimes de divers massacres dont celui de Jean-Rabel; qui se poursuivaient aux autres localités du pays. Le marché local a été envahit par les produits de la contrebande et leurs productions agricoles locales n'avaient aucune valeur. En guise d'exemple, le 8 avril 1987, la plus ancienne compagnie américaine de sucre en Haïti vait fermé ses portes à cause des raisons que nous avons stipulées dans les lignes précedentes, et le marché local avait importé du sucre de la république dominicaine et qui se vendaient à un prix dérisoirepar rapport à celle de la HASCO, cette décision a envoyé au chômage plus de 3000 employés réguliers et plus de 35000 paysans, des planteurs et des travailleurs de saison. Et ceci n'a pas été la fin, l'usine de sucrerie des Cayes avait aussi fermé ses portes en révoquant une quantité proportionelle de travailleurs et de paysans, ainsi, les usines de l'État, l'usine de sucrerie de Darbone, à Léogane et celle de Welsh à la Citadelle (Cap-Haïtian) ont été fermé aussi par le ministre des finances de l'époque, Leslie Delatour. Après la fermeture de ces usines, Haïti a perdu sa place parmi les pays producteurs de sucre, ainsi, cette décision prise par le Conseil National de Gouvernement (CNG) de fermer ces usines était un coup dur porté à l'économie du pays qui était déjà dans un état totalement difficile. Ce gouvernement a été la première institution qui a légalisé la contrebande en faisant venir de la république voisine de la canne-à-sure, et a orchestré le démantèlement du ciment d'Haïti, et on a vu des tonnes de sacs de ciments dans tous les ports du pays. Au moment que nous écrivons ce livre, Haïti est le pays ouvrant ses ports à l'importation des produits de premières nécessités plus qu'aucun autre autre pays de l'hémisphère; cette légalisation de la contrébande des marchandises internationales sur le marché local contribuait une fois de plus à la destruction de l'économie du pays et a permis une inflation sauvage, créait la dévaluation de la monnaie locale et les paysans haitiens sont de plus en plus marginalisés.

L' économie du pays a subi de grandes pertes sous les différents conseils de gouvernement, les secteurs économiques de la vie nationale étaient aux abois, mais, cependant, on pouvait remarquer que sous le premier gouvernement d'Aristide, l'économie du pays avait connu une petite lueur d'espoir, si les généraux de l'armée d'Haïti n'avaient pas renversé le gouvernement du premier président élu démocratiquement d'Haïti depuis le 30 septembre 1991, l'économie du pays n'aurait pas été plongée une fois de plus dans la catastrophe, surtout après l'embargo imposé par l'ONU et l'OEA pour forcer les militaires haïtiens à quitter le pouvoir. Une fois de plus, la situation économique du pays s'était empirée; cet embargo qui a duré plus de trois années sur une économie déjà agonisante l'a détruite davantage. Cette crise politique a ruiné le pays, paralysant le traffic à Port-au-Prince et dans les villes de province, y compris les transports en commun, le commerce, le traffic aérien, et maritime, où nous retrouvons des centaines de madan-Sara[2] voyageant à Port-au-Prince, ou dans les marchés environnants *dans des conditions infra-humaines pour aller vendre leurs produits ou encore pour en acheter, autrement dit, chercher de quoi vivre plus particulièrement un moyen pour envoyer leurs enfants à l'école, et ce moyen de survivre leur a apporté que des douleurs; et ce blocus économique a provoqué une montée vertigineuse du dollar par rapport à la monnaie locale (la gourde). Cette histoire sur l'économie d'Haïti ravagée par des difficultés de toutes sortes, et des situations de crise politico-socio-économique, dont elle fait face pendant deux siècles d'indépendance, nous permet de comprendre ce qui se passe actuellement en Haïti et la situation d'haïtiens partout dans le monde. Nous sommes maltraités partout dans le mone et parfois l'haïtien a peur de révéler sa nationalité, qui est une stupidité monumentale. En effet, chaque haitien vivantdans un étranger devrait être fier, car nous sommes maitres dans l'art de l'hospitalité, de recevoir nos visiteurs, quelque soit leur pays, sans nous, il faudrait l'inventer; nous ne sommes pas parfaits mais nous donnons vie aux êtres humains; à tous ceux qui viennent dans notre pays. Bien que les politiciens aient détruit notre nation, nous sommes fiers d'être haïtiens. Mais, nous devons aussi voir nos moeurs, car au moment que nous parlons; il existe une crise politique en Haïti, comme il a toujours été le cas, pendant des années, et quand nous réfléchisson sur le cas d'Haïti, plusieures idées nous viennent à l'esprit et ces idées sont enracinées dans la société haïtienne même. En effet, une grande partie des politiciens haïtiens est orgueilleux, incensibles, haineux, difficiles de pardonner ses frères, et ne voudrait jamais faire de compromis politique, en effet, depuis 1986, à l'école secondaire, nous suivons de près la crise politique haïtienne et des politiciens en action, depuis lors rien n'a changé, assassinat sur assassinats, bain de sang sur bain de sangs, les mêmes éternels brasseurs d'affaires, les acteurs politiques restent et demeurent sur la scène politique, avec les mêmes idées de 1946 à 1957, qui a emmené au pouvoir les Duvalier, toutes ces trames, ces combinaisons se font sur le dos du peuple haïtien se poursuivent jusqu'au moment où nous parlons, sans savoir que le monde a changé, les habitudes politiques sont changées, mais il parait qu'en Haïti les situations restent et demeurent constantes, on dirait que le mal est dans nos sangs, nos veines ; nos yeux sont bandés et que nous ne soucions guère du sort de cette nation, Haïti, bafouée pendant deux siècles par ses fils et d'autres contrebandiers, va de plus en plus à la dérive, et la morale haïtienne n'existe plus.*

Depuis le gouvernement de Duvalier père "papa doc" la politique haïtienne se faisait par machination, complots et assassinats des intellectuels haitiens et des hommes politiques, cette situation va traverser l'histoire des gouvernements haïtiens, et cette pratique politique a été initiée lors de l'assassinat de

Jean-Jacques Dessalines, fondateur de la nation, au Pont Rouge, une banlieue de la capitale haïtienne, et tout au long de l'histoire d'Haïti, nous avons constaté que les pratiques politiques d'enlèvement, de disparation forcée et d'autres actes barbares se poursuivent, l'haïtien hait l'haïtien, il se sent mal dans sa peau quand il voit son frère; ce mal a traversé toutes les couches sociales haïtiennes, Jean Dominique, Yves Volel ont été assassiné pour rien, Joseph lafontant, et plusieurs autres haïtiens sont morts pour des raisons unitiles, par manque d'amour d'haïtiens pour son sang, de la haine et parfois, il parait que la vie d'un être humain spécialement d'un haitien n'a aucune valeur aux yeux des hommes politiques haïtiens; ils déclarent qu'on ne fait d'homelettes sans casser les oeufs,   et aujourd'hui encore, nous rencontrons cette même idée de haine dans le coeur des politiciens, on dirait qu'Haïti n'a aucune chance de voir 2004 sous un autre air, celui de voir que chaque haïtien regarde son frère dans les yeux et lui dire, je t'aime et avec toute sincérité, les exemples que nous avons donnés un peu plus haut ne représentent rien quand nous considérons la vague d'assassinats politiques qui se sont déroulées sur les anciens régimes civilo- militaires haïtiens et pour ne pas dire les innocents assassinés au cours du Coup d'Etat militaire de septembre 1991.

Toute cette tuerie se réalise dans l'idée de prendre le pouvoir et de le maintenir à vie, d'être riches, sans aucune considéreration pour des millions d'enfants souffrant de toutes sortes de maladies infectuesuses, qui ne peuvent aller à l'école; ou qui ne peuvent continuer leurs études après le baccalauréat, cette situation est un cauchemar pour toute la jeunesse haïtienne maltraitée, exploitée et laissée pour contre. Cette situation a mis la société haitienne aux abois, aucun haïtien ne jouit de ses droits, même le droit d'exister, de vivre libre et de poursuivre le bonheur, ces droits garentis par les chartes internationales, de l'OEA et des Nations Unies et par les lois haïtiennes; c'est une situation de chaos total; ce sont ces raisons qui ont poussé le monde extérieur à finalement comprendre ce qui se passait en Haïti, ainsi, les organisations des droits de l'homme ont exigé un changement de situation des droits de des haïtiens. Ainsi, malgré les protestations de ces organisations, les violations des droits humains sont toujours en pratique, en particulier, le droit d'un haïtien de pouvoir se nourrir, de travailler et d'être libre, tous ces droits sont restés inachevés; incomplets et on dirait, la vie économique des haitiens toujours en péril, quasi-inexistante; bien que l'haïtien se débrouille malgré sa situation économique pour survivre.

Pourquoi toutes ces impasses politiques dans à travers l'histoire d'Haïti, cette insenbilité des politiciens vis -à-vis de leurs propres frères ? Cette question est complexe, elle demande de la réflexion et des idées que nous avons déjà avancées mais pour la commodité de notre analyse, nous devons venir à la source même de nos problèmes; tous les pays de la Caraïbe arrivent à s'entendre et ont travaillé pour la protection des droits de leurs peuples, et ils sont sur la voie du progrès, en 1994, nous étions en République Dominicaine, nous voulions pleurer en constatant les progrès de ce pays sur tous les plans, ainsi, les politiciens et les dirigeants haitiens passent leur week-end dans la république voisine et ils voient les progrès asymétriques de ce pays, on dirait qu'ils ne comprennent rien, mais quelque chose nous disait que ces politiciens n'ont aucun problème en constatant le progrès de notre voisin; et nous sommes toujours entassés dans nos petits orgueils, dans le sous-développement, la honte; nous sommes sûrs que les dirigeants haitiens traversent la fontière assez souvent, mais s'enfoutent pas mal; on dirait qu'ils n'ont aucun problème de vivre dans la situation de détérioration des conditions sanitaires du pays. Certaines personnes qui ont lu ce livre avant sa publication pensaient que nous sommes fousd'essayer de demander aux hommes politiques haitiens de s'entendre et de mettre sur pied un projet de société acceptable pour tous, ils pensent que nous n'avons pas nos pieds sur terre mais nous pensons, malgré vents et marées, il faut toujours essayer. Mais n'existe-t-il pas toujours un moyen de nous entendre pour sauver Haïti ? Car si nous agissons pas vite la destruction d'Haïti est inévitable. En 1991, le rêve démocratique haitien a été tué dans l'oeuf par le général Raoul Cédras et ses associés en préparant et exécutant un coup d'Etat sanglant, et à cause de ce coup, le pays a perdu des millions de dollars; la dette extérieure augmentée d'une manière vertigineuse; les rues de Port-au-Prince couvertes de sang des haitiens qui n'avaient rien fait que de choisir un gouvernement par des élections libres organisées et supervisées par les organisations internationales, et parmi ces organisateurs, le général Cédras, lui-même faisait parti, du moins du maintien de sécurité, à cause du bon travail réalisé, Aristide, pour lui recompenser, lui a confié le poste de général en chef de l'armée d'Haiti. Mais, le général, emporté par son ambition de pouvoir et d'argent, a trahi son pays, et spécialement en violant la Constitution haïtienne en planifiant le coup d'Etat sanglant du 30 septembre 1991. Ce coup d'Etat a entrainé toute une malédiction sur Haïti, blocus économique, embargo militaire et pétrolier, de la misère, de la malnutrition, plus de chômage; en fait, cette situation a permis aux riches haitiens de s'enrichir davantage et aussi de perdre des millions de dollars, et une circulation libre de drogues et la multiplication de la misère du peuple haïtien sans compter l'augmentation des crimes dans les rues de la capitale; Haïti n'en pouvait plus, l'haïtien vivait dans un Etat de siège et de misère. Cette pratique n'a pas changé sous le gouvenement d'Aristide 3è version où on a assisté au chaos. Les critiques contre Haïti continuent et aussi la discrimination contre elle se multiplie et l'idéologie contre l'indépendance d'Haïti se poursuit, et surtout l'idée qu'Haïti n'était pas prête à se diriger elle-même, voir qu'à la démocratie; circulait dans les différentes presses internationales; toute cette guerre se dirige contre ce pays, sous les yeux aveugles des politiciens haïtiens qui n'ont en vue qu'accaparer le pouvoir, même si, la nation disparait. En fait, ces politiciens ne représentent qu'une famille, car certains partis politiques haïtiens ont pour base une maison privée; le peuple ne croit plus aux politiciens car les haïtiens se souviennent souvent que les politiciens ne défendent que leurs poches. Ainsi, l'intérêt du pays ne leur intéresse pas, ou du moins les misères des pauvres haïtiens ne les concernent pas. Tout récemment, the "Economist Intelligence Unit", a réalisé un étude en Haïti dans laquelle, elle révélait que la vie économique des haïtiens se détérioraient de plus en plus, que deux tiers des haitiens vivent dans des conditions extrêmement inhumaines, que la mortalité infantile s'est dégénérée, que la caisse publique connaissait un déficit extraordinaire pour ne pas sans dire sans précedent. Au moment où nous écrivons ce livre, il existe une autre crise politique en Haïti créée par les élections législatives de mai 2000, l'opposition, conduit par la convergence démocratique qui, regroupe dit-on plusieurs partis politiques demandait l'organisation de nouvelles élections parlémentaires, mais de plus en plus, on a l'impression que ces leaders "politiques" ne se battent que pour leurs poches, comme il a toujours été le cas, en regardant la situation de crise que le pays fait face après le départ Jean-Claude Duvalier, en février 1986, et dans les années qui suivent l'exil des Duvalier, il existait que quelques partis politiques, à l'heure actuelle, il en existe des centaines. Comme disait le chanteur de rap haitien, "Master G" :"mach la rèd", ces partis politiques financées par des organisations internationales s'enfoutent du peuple haïtien pour la simple et bonne raison que le peuple ne les confie pas, ils le savent très bien; ils le punissent sévèrement, et si on organise des élections demain, ils ne peuvent pas gagner des sièges importants au parlement haïtien, donc ce qu'ils veulent personne ne sait, certains observateurs pensent que ces politiciens voudraient des élections arrangées ou truquées, comme celles des années antérieures; ils veulent un deal politique, et ceci sans ou vec le peuple haïtien, la preuve est grande que le président Aristide avait proposé aux "partis politiques" haitiens, regroupés dans la convergence d'organiser des élections au mois de novembre 2002, ils refusaient d'y aller, et pourquoi ? Pour les raisons que nous avons soulevées, car nous suivons la crise politique haïtienne, de 1986 à nos jours, rien n'a changé, les mêmes actes et acteurs politiques archaïques sont toujours présents sur la scène politique, et utilisent les mêmes pratiques politiques à l'exclusion de l'armée d'Haiti qui était aussi impliquée dans la nomination des dirigeants politiques, mais l'armée n'est plus, ils ne savent à quels saints se vouer aujourd'hui. Tout récemment, le journal haïtien, Haïti en marche, publié dans la diapora, dans un article décrivait la situation politique d'Haïti en 2002, comme un pays pris en otage par ses propres fils, insensibles et cyniques; assoiffés de pouvoir, et sont disposés à utiliser tous les moyens pour acceder au pouvoir. Les politiciens haïtiens ne font jamais de compromis, même s'il s'agit de sauver l'intégrité du pays, pour eux, il faut toujours gagner et cette tentation aveugle de ne jamais accepter de compromis va au-delà même de l'intérêt du pays, et pour si gagner il fallait faire disparaitre son opposant; ils n'hésiteraient pas à le faire, ceci constitue un exemple flagrant pour démontrer l'état de haine et de méfiance existant entre les fils d'un même pays. L'histoire rapporte que François Duvalier a reconnu cette situation et l'a utilisée en sa faveur, en divisant toutes les couches sociales y compris les membres d'une même famille, en assassinant plusieurs milliers de politiciens et des personnes innocentes et celles qu'il ne voulait tuer, il les exilait vers un pays étranger en les taxant de communistes; cette politique oppressive et tortionnaire a détruit les intellectuels du pays et la nation est de plus en plus divisée les haitiens, et comme conséquence, le jeu politique se fait par des inconscients qui n'ont aucune pitié pour le peuple haïtien vivant plus de deux siècles dans la misère et de l'oppression. Le peuple haitien ne confie pas les politiciens parce que tout ce qui les intéressent est de devenir riches en pillant la caisse publique, et ils s'enfoutent pas mal de l'anaphabétisme, du chômage et de la souffrance du peuple. Le peuple haïtien, trahi depuis 200 ans, a refusé de se laisser conduire par une bande d'insouciants, et ne veut voter que pour un candidat qu'il connait bien, c'est-à-dire son histoire, sa vie, sa misère et son engagement de travailler main dans la main pour sortir Haïti du marasme économique; et les politiciens le savent bien et font tout ce qui est possible en vue de prendre le pouvoir de force et ils organisent toute une campagne contre ce peuple, l'a crucificé, l'a dépouillé et font tout ce qui est nécessaire pour le remettre en esclavage. Haïti représente aujourd'hui une maman violée par ses propres enfants, en effet, le pays est de plus en plus plongé dans la misère, les haitians ne s'entendent pas ou ne s'entendront jamais parce les contradictions sociales sont trop profondes, selon une idéologie occidentale, la race noire ne pourra jamais s'entendre parce que les noirs sont incapables de s'entendre, ils soutiennent leur thèse en s'appuyant sur les différents conflits africains. L'une des raisons qui a porté Aristide au pouvoir le sept février 1991, il a écouté ses frères, ayant été le fils du peuple , il a sûrement connu la souffrance, la famine et soif, sans habits, en un mot il a connu la misère. Il a été changé par l'ambition de pouvoir comme il a été le cas dans toutes l'histoire d'Haïti depuis l'indépendance. *Les haitiens pourraient lui donner carte blanche; si un jour il décidait de privatiser toutes les administrations publiques du pays, nous sommes certains que les haitiens l'auraient accepté, car c'est une histoire d'amour où l'amant est aveugle., quelque soit le prix qu'il ou elle doit payer, en déclarant ceci, nous ne voudrions pas insinuer que nous sommes aveugles ou nous sommes d'accord avec tous les actes que posent son gouvernement, mais c'est un fait, bien que tous les haïtiens ne soient pas d'acord avec Aristide, mais ils reconnaissent son courage, ce qui est sûr ce qu'il a fait l'histoire. Aristide avait prouvé au peuple haitien qu'il pouvait diriger le pays et qu'il était sensible à leur misère infernale, dans laquelle ils sont forcés de vivre pendant des siècles, en créant Lafanmi Selavi, une organisation destinée aux sévices des pauvres, tout en respectant leur dignité, c'était une chose positive car toute personne aimerait que son honneur, son amour-propre et son intégrité soient respectés; cette institution a aidé beaucoup d'enfants haitiens qui avaient besoin d'aide.* Bien que cette organisation a été transformée en parti politique un peu plus tard ayant tué dans l'oeuf les objectifs de cette institution. *Et pour aller plus loin, si tous les politiciens haitiens avaient fait quelque chose de même, pour prouver aux haïtiens que leur premier objectif n'était pas de se faire riches, mais d' aider la population haïtienne à sortir dans la situation de misère dans laquelle elle est forcée de vivre depuis l'indépendance, cela aurait été une chose extraordinaire, cela ne voudrait pas dire que les politiciens devraient créer quelque chose pareil mais ils pourraient participer dans un domaine quelconque, soit d'aider dans un secteur de la société, soit d'aller à la campagne pour aider les paysans dans l'agriculture, et ceci ne veut pas dire d'y rester pour une durée indéterminée mais d'une durée d'un ou de deux jours, soit encore de rencontrer des étudiants, de donner des cours dans les universités ou des écoles secondaires, pour citer que ces choses; ces idées seraient inculquées dans la conscienne du peuple, quelque soit son apartenance sociale. Nous ne sommes pas politiciens, mais un observateur; et nous sommes sûrs que nos idées sont partagées par une grande majorité d'haitiens. Nous nous rappelons que François Duvalier avait fait le tour du pays vaccinant les paysans, c'était un acte remarquable et applaudi par toutes les couches sociales haitiennes. Pendant les années 80s jusqu'au renversement du gouverment de Jean-Bertrand Aristide en 1991, plusieurs haïtiens étaient assassinées par leurs propres frères, et le plus souvent dans des manifestations politiques, entre-temps, les leaders politiques se cachaient, tout en envoyant les innocents anaphanètes à se faire assassiner dans un pays où les instruments démocratiques n'étaient pas encore mis en place, après avoir passé trente années sous la direction d'un régime totalitaire; pourquoi tant d'inhumanité chez nos politiciens, pourquoi tant d'insensibilité, pourquoi n'étaient-ils pas à l'avant-garde de toute protestation, pour calmer les manifestants en cas de dérapage, mais ils se cachaient et envoyaient le peuple innocent aux balles assassines de certains haitiens; ces politiciens ont souvent des doutes sur leur sécurité personnelle, cependant, ils poussent les masses à manifester contre les difétrents régimes à Port-au-Prince.*

La liberté d'expression est un droit garentie par les conventions internationales, aussi bien par les lois haïtiennes, mais le plus souvent, les situations se politiques se dégenèrent, donc les organisateurs des manifestations devraient prendre en compte la séeurité des manifestants d'abord en demandant l'autorisation de la police, mais l'indiscipline de ces politiciens ont fait souffrir toute une nation. Bien que nous reconnaissions la légitimité et les absurdités de certaines revendications de ces années, c'est-à-dire, de 1986 à 1990, mais nous avions vu aussi les bains de sangs inutiles; entre les fils d'un même pays; divisés par des forces invisibles et par des intérêts les plus mesquins et oubliés qu'ils sont des frères. L'un des problèmes de l'héritage colonial est que, nous, haïtiens, avons des problèmes de nous accepter en tant que nous-mêmes, pour ce que nous sommes, et nous voudrions dire par là que certains haitiens oublient souvent ses racines, fils de paysans, ne veulent utiliser le créole dans leurs conversations y compris les politiciens oublient d'où ils viennent s'adressant le plus souvent en français dans une nation où la majorité de la population parle créole; nous avons aucun problème d'utilisation du français ou d'autres langues dans les conversations au contraire, si l'haïtien a la possililibté de parler plusieurs langues, cette aptitude lui permettrait de progresser; mais au moins quand un homme politique s'exprime, il faudrait une traduction permettant aux auditeurs de comprendre son message. La langue créole qui est l'essence des activités du peuple haïtien devrait être utilisée le plus souvent dans les discours, même s'il s'agit d'une des erreurs commises dès l'indépendance, mais il n'est pas trop tard de les corriger; certaines personnes appelent Haïti,. un Etat tête en bas, pour elles, rien n'a été fait dès le départ pour bien structurer le pays; il est certain que le pays fait face pendant longtemps à une carence structurelle; mais appeler, Haïti une nation tête en bas est pûrement une idée raciste ne vise qu'à l'humilier. Après le départ des Duvalier, le Créole a pris une place importante dans la vie du peuple haitien surtout avec Aristide, qui n'a pas eu de problème d'utiliser la langue vernaculaire ou le Créole dans ses discours et cela lui a permis de gagner le coeur de beaucoup haïtiens, analphabètes et intellectuels qui aimeraient voir l'avancement du pays vers le développement. Entre-temps, la situation pénible de l'école haïtienne se s'aggrave, en effet; des milliers d'étudiants de baccalauréat haïtients échouent aux examens finals chaque année parce que l'éducation du pays a toujours été méprisée et le plus souvent utilisée dans les jeux politiques ou aux intérêts des politiciens, ainsi, depuis des années, surtout après 1986, l'école haitienne a été la plus grande perdante lors des pertubations politiques et dans un article que nous avons écrit, nous avons vu la situation ainsi etnous pensons qu'il est nécessaire de vous permettre de lire: Le Créole pour une nouvelle éducation en Haïti L'éducation en Haïti a connu pas mal de débats et chacun voit la situation à sa manière; les débats rebondissent souvent après la publication des résultats du baccalauréat, et l'année 1997 était lagoutte d'eau qui allait faire déborder le vase. On entend toutes sortes de réflexions, beaucoup de spéculations et chaque partie veut rendre l'autre responsable cette situation de *déluge* qui s'abat sur les élèves. C'est dans ce sens que certains laissent entendre que les professeurs sont responsables de l'échec des élèves au bac de 1997, d'autres font croire que la responsabilité incombe plutôt aux élèves. Ces personnes ont-elles raison ? Ces idées sont-elles justes ? Est-ce que la question ne mérite pas une réflexion plus profonde pour déterminer les véritables causes de cet échec ou plus précisément les facteurs qui ont provoqué l'échec de l'État haïtien pendant deux cents ans ? Nous sommes tous d'accord que l'éducation est un élément important pour le développement de n'importe quel pays. Mais le nôtre connaît le taux d'analphabétisme le plus crucial du continent américain. Cependant, malgré le manque de ressources, beaucoup de parents font de grands sacrifices pour envoyer leurs enfants à l'école. Le bac de 1997 a remis en question le système éducatif haïtien. Les parents vont-ils continuer à investir dans un système qui a fait faillite? Cette question nous pousse à enquêter sur nos origines en tant que peuple, sur notre histoire coloniale: après notre libération de l'esclavage, nos ancêtres n'ont pas eu un projet d'éducation pour les enfants haïtiens. Ils n'ont fait que reproduire les vestiges du système éducatif colonial. Entre-temps, le monde évolue, la technologie avance et nous continuons à nous enliser dans les mêmes pratiques anciennes et rien n'a été fait pour mettre fin à ce système désuet. Dans un article paru au mois de septembre 1997, dans le magazine "Audience", le rédacteur rapporte et nous citons : *Il n'est pas rare qu'un élève prenne 12 à 15 années pour boucler les deux premiers cycles de l'école fondamentale qui totalisent six années d'études*. Les problèmes d'éducation en Haïti ne sont pas récents, ils remontent à très longtemps comme nous l'avons précisé un peu plus haut, et les causes en sont profondes. Lorsqu'on entend les gens débattre ce sujet très complexe, on a l'impression que les vrais problèmes ne sont pas abordés car parler d'éducation en Haïti, c'est poser en quelque sorte le problème de l'économie, de l'alimentation. Nous savons tous qu'Haïti fait face depuis quelques années à une crise économique sans précédent; il n'existe presque pas de monnaie locale, la gourde perd sa valeur, ce qui fait que certains écoliers haïtiens se rendent en classe sans avoir quelque chose à manger, et comme le dit le proverbe en créole: "si pa gen lapè nan vant, pa gen lapè nan tèt", les poches vides et même s'ils ont un peu d'argent, ce sera nettement insuffisant pour se payer un repas solide. Et des fois certains d'entre eux passent des jours sans mettre la main à la bouche. Comment peuvent-ils donc étudier et réfléchir quand ils ont le ventre vide? Des dirigeants sérieux ne se contentent pas de donner des examens aux élèves mais s'occupent également de leur alimentation. N'est-ce pas là une situation de violations des droits des élèves? Dans notre pays, il y a toujours des problèmes politiques, des problèmes sociaux tels que problèmes d'électricité, de soins de santé, de contestations... certains professeurs sont mal rémunérés - la question de salaire joue un rôle primordial dans la qualité de l'enseignement-, même les directeurs d'écoles sont en butte à des problèmes majeurs. Face à cette situation de désespoir, les jeunes ne savent à quel saint se vouer. De plus, les difficultés ne s'arrêtent pas là. La langue étant l'élément le plus important dans toutes les activités de l'homme, le créole devrait donc jouer un rôle primordial dans notre système éducatif. Est-ce que les élèves doivent passer toute leur vie à apprendre de la morphologie inutile à travers la mémoire et des répétitions? Apprendre aux enfants haïtiens la grammaire française comme l'ensemble des règles à suivre pour parler et écrire correctement le français ne peut plus être de mise. Voilà des cas d'exemples extrêmes de morphologie unitile:je parle et il faut que je parle, il n'y a aucune différence entre l'indicatif présent et le subjonctif présent et il en est de même pour je mange et il faut que je mange; un stylo et une plume, je suis parti et je suis partie on est dans l'irréalité sociale; mais dans il boit et il faut qu'il boive, on passe du son wa au son (v) qui nous permet d'établir la différence entre le présent et le subjonctif, donc là c'est utile, en créole il n'existe pas de morphologie unitile car tout ce que le locuteur haïtien dit, il le dit en fonction de ses besoins. Par exemple, si le locuteur haïtien parle d'une poule ou d'un chien, il dit : poul la, chen an, les recepteurs vont comprendre de quel chien et de quelle poule il parle en d'autres termes c'est de la mécanique interme de la langue ou plus précisément de la morphologie utile, celle utilisée par une communauté pour exprimer ces besoins. Il faut revenir sur terre; d'après un linguiste haïtien, "L'éducation de tout peuple doit se faire dans sa langue; tout peuple éduqué dans une langue qui n'est pas la sienne est condamné à l'échec". Le système éducatif haïtien tel qu'il est n'a aucun rapport avec la réalité haïtienne. Est-ce que les groupes d'enseignants, les éducateurs, les universitaires, les fonctionnaires, les linguistes ne devraient pas s'asseoir pour élaborer un programme scolaire en rapport avec notre histoire, notre culture et en particulier notre langue ? Et une fois ce pas franchi, on devrait ouvrir un débat sur les ouvrages classiques, discuter avec les principaux maisons d'édition et encourager les spécialistes à produire leurs propres documents en relation avec notre langue et surtout avec le programme d'études. Donc, l'éducation des Haïtiens devrait être faite en créole, comme l'éducation de tout autre peuple dans le monde doit se faire dans sa propre langue. Il faut appeler les chats, par leurs noms; il faut trouver le vrai problème, le poser et en discuter afin de dégager des solutions; il faut en finir avec nos complexes de petits français pour arriver à une bonne éducation. Le plus souvent, quand un Haïtien scolarisé parle créole on a l'impression d'être perdu, on ne comprend presque rien de ce qu'il dit, le message est compliqué et pour le comprendre il faut faire toute une gymnastique car ce qu'il dit n'est pas créole, et cette façon de parler se fait à tous les niveaux de la société et même dans les églises qui ont la responsabilité de faire connaître au peuple chrétien la parole de Dieu. Parfois ces gens font tellement d'efforts pour trouver une façon de parler qu'ils atteignent le cancer de la voix. Donc, comme l'a dit le linguiste, c'est du parler "chèlbè". C'est une façon de montrer aux autres son appartenance sociale: jodi an, mwen te nan ayewopò lan pitit. Peyi an gen yon kriz ekonomik akòz kou lavi a ki subi yon pwogresyon enkontwolab. Ekout pitit, rele mesye an pou mwen, kounye an tout sa n ap fè ann Ayiti mande pou gen US ce sont là, des exemples parmi des centaines d'autres tirés de la façon dont les locuteurs scolarisés haïtiens communiquent en créole. Nous sommes tous victimes de ce système, mais il n'est pas trop tard de faire quelque chose pour essayer de sauver ce qui peut être sauvé. La génération future pourrait en être reconnaissante. La langue est l'élément central de tout système éducatif, comme elle en est aussi l'essence, la synthèse de toutes les activités humaines. Si nos dirigeants ont commis l'erreur de nous éduquer dans une langue qui n'est pas la nôtre, ce qui a créé tant de préjugés au sein de nos familles, il nous faut maintenant y réfléchir, car la situation est grave. La faculté de Linguistique appliquée est un centre de recherches très efficace en matière d'éducation, de formation de cadres pouvant aider les jeunes à combler leurs lacunes mais malheureusement elle n'a pas assez de moyens pour réaliser ses grands projets, elle ne reçoit pas de dons et la société haïtienne n'est pas trop informée de ses réalisations scientifiques. Nous pensons qu'il est de notre devoir de sensibiliser l'opinion publique à ce sujet. Cependant, elle n'est pas la seule faculté à faire face à ces problèmes; d'autres centres universitaires de l'UEH sont aussi en difficultés. Nous pouvons comprendre qu'une éducation est véhiculée dans le plurilinguisme mais comme nous venons de le démontrer, apprendre à un enfant à répéter ou à mémoriser des tas de définitions dans une langue qu'il ne possède pas, c'est sacrifier son avenir et parfois cet enfant pourrait être un génie dans un système éducatif où sa langue est valorisée. Mais si on lui impose un système préfabriqué, il n'aura aucune chance de mettre en oeuvre son talent. Si nous minimisons l'impact du créole dans le système éducatif haïtien, nous commettons une très grande erreur, les résultats resteront toujours les mêmes au bac et il y aura toujours des discussions stériles sur l'éducation.Pour paraphraser Jean-Jacques

Rousseau, il existe une langue commune à tous les Haïtiens et cette langue, c'est le créole, celle que les enfants haïtiens parlent avant même qu'ils sachent parler. Celapourrait être idéaliste mais c'est une réalité, si on veut faire quelque chose pour l'éducation en Haïti il faut systématiquement passer par la langue créole. Il faut faire aussi un raz de marée linguistique pour l'établissement du créole dans notre système éducatif. Le créole est devenu indispensable et son enseignement doit être généralisé. hier et aujourd'hui encore, on parle de plan d'éducation, c'est très bien, mais est-ce que le créole va être le nerf moteur de ce plan? Est-ce que cela va aboutir à quelque chose si ce n'est qu'à une façade, du gaspillage d'argent pour n'aboutir à rien de positif ? Nous sommes tous condamnés à valoriser notre identité voire notre langue pour former les jeunes écoliers haïtiens. Ce système éducatif colonial ne doit plus continuer à ruiner les économies des parents déjà maigres, les énergies des professeurs et des directeurs pour n'assurer que l'échec des écoliers haïtiens. Je crois qu'en lisant cet article, certaines personnes vont se demander: De quoi parle-t-il ? Elles diront que c'est seulement en Haïti qu'on parle créole. Ces gens-là devraient se renseigner sur certaines réalités avant d'émettre leurs opinions. Quand nous demandons d'utiliser le créole comme élément central de notre système éducatif, nous pensons que cela peut aider à revaloriser notre culture, notre tradition et cela n'exclut pas le fait que les Haïtiens apprennent d'autres langues. Mais, quand il s'agit de notre éducation, cela doit nécessairement se faire en créole. Quel État désireux de progresser ne passe pas par une bonne éducation voire une formation solide des cadres? Chaque année, les parents haïtiens regardent leurs enfants échouer aux examens du baccaulauréat. Rien n'est fait pour résoudre le problème, pour soulager les peines des familles. On se contente d'en parler! Sans envisager des mesures concrètes. Beaucoup de bruit pour rien, comme dit l'autre; mais il est grand temps que les choses changent! Il faut investir dans l'éducation en passant par les linguistes. De nos jours, les peuples du monde francophone commencent à se réapproprier leur véritable identité cuturelle. Il faut bannir cette conception de colonisé et de vouloir devenir le colonisateur en assimilant la langue, la culture d'autres pays et leur vision du monde, en rejetant notre propre identité. L'État doit y penser, le peuple haïtien doit y réfléchir. Nous sommes condamnés à revenir à la case de départ. *La communauté internationale a toujours aidé Haiti, cette assistance a été souvent détournée par les dirigeants corrompus et sans scrupules haitiens alors que la grande majorité de la population meurt de faim et vivre au chômage, cette aide de la communauté internationale à Haïti a été renvoyée par la suite dans les banques étrangères, ou en suisse, ces dirigeants n'ont aucune autre envie que de rechercher leur propre bien-être que celui d'Haiti; d'acculer leur fortune au détriment de la nation pour en devenir riches sans se soucier de la misère répugnante dans laquelle vivent des milliers de pauvres haïtiens, cette tentation de devenir riches a pousé les médiocres, ou intellectuels à créer une multitude de partis politiques, et d'organisations populaires dont leur seul objectif est de trouver un moyen d'accaparer les caisses de l'Etat, ainsi, aujourd'hui, Haïti est le pay où l'on rencontre le taux le plus elevé d'organisations populaires et de partis politiques, et la raison en est simple et claire, l'argent, rêver d'être riches et depuis qu'un individu peut réunir une dizaine de manifestants en ville, et leur dire d'écraser des vitres de voiture, ou d'une autre forme de violence, il devient un leader politique; sans être inquiété qu'il pourrait tomber sous le coup de la justice, sans réfléchir aux conséquences de leurs actions tout en oubliant que des citoyens haitiens qui possèdent leurs voitures ou d'autres biens ont travaillé durs pour pouvoir s'acheter ces voitures ou ces propriétés là; cette situation de destruction des propriétés privées des haïtiens n'est-elle pas un acte de barbarisme et de sauvagerie, et qui mérite d'être stoppé et que les pays civilisés comme l'Etat haïtien ne devrait tolérer et aucun autre pays ne pourrait rester inactif sans punir les auteurs de ces actes qui méritent bien d'être punis. Aussi, Cette situation ne contribue-t-elle pas à la destruction de l'économie du pays ? Si nous nous rappelons bien, après le 7 février 1986, l'année qui symbolise la fin de la dictature des Duvalier en Haïti, nous avons vu la faillite des autorités au pouvoir qui avaient pour mission de protéger les maisons et les biens des macoutes, qui vivaient parfois dans des maisons appartenant au peuple, ainsi, ils ont laissé la population en rage détruire les biens ces citoyens y compris de l'Etat, la raison en est simple, la protection des propriétés de L'Etat et des citoyens n'ont pas été leur priorité principale, ou encore ils ont voulu prouver aux étrangers que les haitiens méritaient le système politique dans lequel ils vivaient pendant des années, ainsi des millions de dollars du pays sont gaspillés à cause de manque de perspicacité et de laisser-aller de nos dirigeants politiques ou plus précisément comme nous l'avons dit d'une action bien calculée des dirigeants politiques de faire paraître l'haïtien comme un peuple sauvage et qu'il fallait l'oppresser pour le diriger. Cette situation de vendalisme populaire doit être stoppée aujourd'hui si les dirigeants au pouvoir actuel et dans l'avenir veulent aider Haïti à sortir de son marasme économique et politique, et surtout au peuple haïtien de bien réflechir lorsqu'il y a une situation qui lui pousse à se révolter, de savoir bien à quoi s'emprendre. Le peuple haitien a le droit de se défendre quand ses droits sont violés, mais le peuple doit savoir aussi comment protéger ses propres biens, et une manifestation violente conduit souvent à des dérapages où les forces de l'ordre doivent intervenir, et cette intervention se termine souvent dans l'utisation de la force brutale, cette situation met tous les tissus sociaux du pays en péril voire à un ralentissement des activités économiques, et les intivestisseurs nationaux et internatiaux ont eu peur à investir dans des situations pareilles, une fois de plus c'est un autre coup dur pour l'économie du pays déjà en état de grâce.*

Les pays comme les Etats-unis et l'union européenne donnent de l'assistance économique au pays et /où les investisseurs proviennent assez souvent sont récaltrants de donner l'aide ou demander au secteur commercial d'investir en Haïti, quand il existe des situations d'instabilité politique et sociale. D'un autre côté, depuis des années, les dons donnés au pays ont été souvent détournés, et cet argent est renvoyé dans les pays de provenance alors que des milliers d'haïtiens sont au chômage; et ces pays qui ont fourni d'aide économique à Haïti depuis des années, et continuent à le faire aujourd'hui veulent voir les réalisations concrètes de cet argent ? Mais, selon les rapports des banques internationales les dirigeants haïtiens possèdent des millions de dollars dans leurs banques, l'argent volé dans la caisse de l'Etat. Pourquoi est-il si facile de détourner l'aide internationale ? Pourquoi les banques étrangères acceptent-ils le transfert d'argent provenant d'Haïti ? Quand elles savent que cet argent n'appartient pas à ces gens là ? Donc, pendant des années et au moment où nou écrivons ce livre, les fils du pays continuent à piller les caisses publiques et l'envoyer dans les pays étrangers sans aucune inquiétude qu'ils peuvent être attrapés et mis en prisons. C'est l'une des raisons qui a poussé les militaires haïtiens à organiser le coup d'Etat du 30 septembre 1991, l'ambition d'argent, le rêve de devenir riche sans se soucier de la misère de leurs frères, de l'ignorance et de l'anaphalbétisme de la majorité du peuple haitien. Après le coup d'État de septembre 1991, et dans d'autres situations politiques difficiles, les pays qui ont donné d'assistance économique à Haïti ont utilisé les ONGs comme couloir, tout au long du gouvernement militaire de Cédras et de ces associés, la nation a reçu de l'aide et a survecu, mais les indicateurs économiques prouvaient que les bases économiques du pays ont été détruites comme une conséquence directe de l'embargo forcé, la gourde haïtienne avait perdu sa valeur et aujourd'hui encore cette situation d'instabilité de la monnaie locale se poursuit, les pays riches avaient promis au gouvernement rétablis d'Haïti beaucoup d'argents en vue de propulser les moteurs de l'économie; mais cette assistance économique n'a jamais été donnée, au contraire après les les élections législatives de de mai 2000, l'embargo économique a été réimposé sur un peuple martyr pendant des années, donc, cette situation difficile de l'économie nationale va de plus en plus s'empirer davantage d'un jour à un autre, beaucoup plus d'haïtiens n'ont pas de travail et le revenu per capita se détériore, toute cette déluge économique se poursuit sous les yeux impuissants des dirigeants politiques haïtiens, et de la communauté internationale qui, comme nous l'avons dit au- paravant attendre l'occasion pour critiquer la situation politique du pays sans rien faire pour l'aider à en sortir, le 17 décembre 1997, sous un article apparu dans le Washington Post, l'auteur a voulu comparer un pays comme Afghanistan à Haïti, il déclarait que:" les Etats-Unis ne peuvent ignorer ou d'oublier les problèmes d'Haïti qui connait des situations sociales et de dysfonctionement politiques, il poursuivait et déclarait que pendant des années les politiciens haitiens sont incapables de parvenir à une solution politique et plus de 300, 000 persones de la population haitiene infectée du virus de sida" , une fois de plus, une épée d'Amoclées est pointée sur Haiti, toute cette campagne se dirige contre un petit pays dans l'amérique ou plus précisément dans la caraïbe. En fait, cet article allait trop loin, car aucun haitien ne constitue une menace pour les Etats-Unis que nous aimons tous!

La question que nous posons aujourd'hui est pourquoi Haiti continue à vivre dans tant de souffrance et dans une campagne de diffamation qui vise à détruire sa raison d'être, son amour-propre, tout ce qu'elle représente, voire son existence en tant qu'Etat libre, la raison en est simple, l'intransigeance des politiciens et l'entêtement des dirigeants haïtiens principalement ceux-là qui sont assoiffées de pouvoir ou précisément les oisifs qui veulent d'être riches ou encore de piller les caisses publiques. Selon les rapports des banques internationales, la majorité des gens qui ont occupés un poste politique en Haïti, qu'il soit un ministre ou un secrétaire d'Etat, detiennent des comptes banquaires ou ont acheté un château dans l'un des pays étrangers, Ce que nous voulons dire par là est que chaque haïtien a le droit d'acheter des maisons dans n'importe quel pays, mais avec son propre argent, l'argent gagné de dure labeur; le plus souvant les dignitaires d'Etat ont l'accès trop faciles aux fonds de l'Etat, donc ils en disposent à leur guise, entre-temps des millions d'enfants haïtiens meurent de faim ou sont tuberculeux. La Mission civile internationale envoyée en Haïti par les Nations et l'OEA a fait *un travail extraordinaire dans le domaine des droits de l'homme, ce travail m'a ouvert les yeux sur l'état de la situation des droits humains en Haiti. Cette mission et beaucoup d'autresorganisations locales ont travaillé* dur afin d'inculquer les concepts de base des droits de l'homme en Haïti, et se sont aussi efforcés afin d'aider à les faire respecter, cette mission a travaillé avec les autorités haïtiennes, le système *judiciaire haïtien afin de faire respecter le* délai prévu par la loi *pour* présenter un detenu au tribunal. C'était une chose positive pour le pays, elle a participé aussi dans la création de l'école de la magistrature et d'autres institutions comme la police nationale haïtienne. Haiti, comme nous l'avons dit antérieurement, est une nation abusée par deux siècles d'oppression et d'esclavage, a besoin d'aides de toutes sortes pour pouvoir jouir de la liberté, mais cette assistance est impossible sans une participation totale de la communauté internationale dans tous les domaines y compris de l'agriculture, de la santé, de l'éducation, et même dans le domaine de la construction des routes, pour ne citer que celles-là; la nation haïtienne, détruite par deux siècles de violence et d'abus, a besoin de l'aide de la communauté internationale en quantité, car elle constitue une force motrice pour sortir le pays dans le sous-développement forcé depuis deux siècles. La situation d'Haiti s'est détériorée sous président Aristide deuxième version surtout avec une opposition politique aveugle. Pendant trois années, ie de 2000-2003, et bien même avant ces trois années la situation politique d'Haïti n'était paisible car il n'y avait pas d'amour entre le pouvoir et l'opposition et ceci à travers l'histoire du pays. On dirait les efforts de Toussaint Louverture et de Jean-Jacques Dessalines étaient en vain. Le désordre politique haïtien sera difficile d'être résolu sans la réconnaissance des droits de tous les haïtiens, cette reconnaissance aurait été possible si la France n'avait pas assassiné Toussaint Louverture; comme l'on dit souvent, le si n'existe pas en histoire; mais sa mort a vraiment contribué au désastre politique en Haïti aujourd'hui, car son travail en tant que précurseur de l'indépendance n'a pas été accompli. Il n'y a pas eu une constitution, l'armée indigène rongée par la division et l'ambition de posséder la terre a trahi la philosophie de Toussaient que la terre était la propriété des paysans, c'est-à-dire, celui qui la travaille. Quand on regarde la crise politico-socio-économique haïtienne, il n'y aura pas de changement de cap parce que l'esprit de compris n'existe pas, le pardon et l'amour fraternel sont rares.Premier janvier 2004, bicentenaire de l'indépendance d'Haiti commémoré dans la division et de l'intolérance et dans l'indifférencedes pays appelés "amis" d'Haiti. Déchirée par la haine, le vol, le viol et la misère, Haïti ne sait quoi faire parce que le monde n'est plus à sa défense, on dirait qu'elle est condamnée à vivre dans la boue et dans la misère avec l'appui de ses fils consummés par la haine et les préjugés. Haiti a deux siècles d'indépendance ce jeudi 1er janvier 2004, cette commémoration s'est passée dans la honte et dans l'humiliation, dans la souffrance et dans l'oubli de l'aide apportée aux autres pays dans leur quête d'indépendance. Nous avons vu des articles dans les journaux expliquant les difficultés d'Haïti en ce mémorable jour mais ces journalistes ne font que tourner autour du problème par mégarde ou consciemment, en tout cas, le fond de la situation du pays restée cacher. Le slogan de la libération "l'union fait la force " n'existe plus, nous pouvons déclarer qu'après le 7 février 1986, le nouveau slogan est désormais "retire pye w pou m mete pa m". Au moment de la production de ce livre et de la célébration du bicentenaire du pays, les manifestations font rage, on entend parler de toutes sortes d'organisations politiques principalement au Gonaïves et à Port-au-prince, où le secteur privé, les étudiants et les politiciens manifestent contre le gouvernement d'Aristide élu pour une durée de cinq ans; est-ce que ce mouvement est une chose nouvelle ? Oh non! ce n'est qu'une répétion de l'indiscipline, de l'ambition de pouvoir et de manque d'amour pour la patrie, selon les informations recueillies les choses sont terribles entre partisans et opposants du gouvernement en place. La politique est une profession en Haïti, n'importe qui, peut devenir politicien sans savoir la complexité de diriger un pays; ainsi, il plonge le pays dans un chaos total, le désordre et de l'anarchie héritée de la colonisation, de la crise de 1943, de la dictature des Duvalier et de ses conséquences désastreuses sur le plan politique, économique, culturel et social, ruinant ainsi l'infrastructure, la superstructure du pays, la destruction d'une force armée forte, disciplinée et organisée, ainsi, l'histoire des grands pays nous intrigue à savoir qu'il n'y a pas de pays fort sans une armée forte, et je le repète, il n'y a pas d'Etat-nation forte sans une force armée forte et puissante, disciplinée. Rome a dominé le monde, parce qu'elle possédait une grande armée, l'europe a chassé ses envahisseurs grâce à une puissante armée, la France, l'Espagne, l'Angleterre ont tous conquis leur indépendance à l'aide des forces armées. Nous devons ajouter que la bourgeoisie de ces pays ont aussi joué un rôle crucial dans l'évolution de ces nations. Une armée démocratique, une force de police professionnelle dirigée par des civiles sont deux instruments indispensables ou sine qua non au développement d'une nation, de la démocratie. Aujourd'hui, Haïti est privée d'une armée, à cause du manque de patriotisme, spécialement de l'armée qui lui a donné son indépendance; l'armée d'Haïti est plus que nécessaire au développement d'Haïti voire à l'établissement de la démocratie. Seule une force armée et une police professionnelle peuvent aider à déraciner la corruption, le vol, le viol, l'injustice, les actes de banditisme, la paix, l'abus de pouvoir, l'harcèlement sous n'importe quelle forme ainsi donner la paix d'esprit et du coeur aux haïtiens; et ces choses ne sont pas faciles de réaliser mais il faut commencer quand même en 2004, car la honte et l'huniliation qu'Haïti fait face ne vont pas disparaitre aujourd'hui au contraire chaque jour qui passe ses misères augementent et la division ravage les couches sociales haïtiennes. Et n'oublions pas que nous vivons dans un monde fou, et rempli de préjuges et voici trois poèmes que j'ai écrits au fil des années:

Le monde

Le monde est fou
corrompu
et jaloux
Pourquoi tant de mal
De vols
Et d'ambition

Le monde est fou
corrompu
et jaloux
Pourquoi tant de crimes
De prostitutions
Et de maladies

Le monde est fou
Corrompu
Et jaloux
Pourquoi tant de haines
De préjugés
Et d'egocentrisme

Le monde est fou
Corrompu
Et jaloux
Pourquoi tuer la vie
Haïr la vérité
Et causer des peines aux autres!

Pitié

Dans un monde de haine et
D'ambition d'argent
Rien n'est impossible
Surtout vouloir d'être riche
Est plus important que la vie
D'un être humain

Dans un monde corrompu
Et d'abus on dirait que tout
Est joué d'avance que la vie n'a
aucune importance, que l'amour n'a
Aucune place et même le sort de tous
Est déjà prévu

Dans un monde corrompu et
De misère, les enfants sont démunis et
Laissés pour contre, leur avenir est incertain
Ces enfants abusés par la famine et
L'analphabétisme n'auront aucune chance
Dans ce monde d'injustice.

Racism

Racism is a poison for humanity
Racism is a drug for the society
Racism is a crime against you and me
Racism is a pervert word used to kill life
Racism is an ignorant connotation
Racism is a disease for our world

Racism is a destruction of love
Racism prevents young to love each other
Racism prevents the progress of the World
Racism is an instrument used to get rich
To create hate and agony in many societies
It's time to ring the bell for fraternity and love!

Après le premier janvier 2004, Haiti allait connaître les pires moments de son histoire. Les journalistes des médias étrangers basés en Haïti sont à critiquant les haitiens d'être indépendants depuis deux siècles et organisés plus trente coups d'État. Ce dimanche 15 février 2004, les organisations anti-Aristide ont gagné les rues une fois de plus pour demander la démission de son gouvernement. En effet, depuis le 5 février 2004, des rebelles communément appelés par la presse internationale, mais qualifiés de terroristes par Aristide ont déclenché un mouvement armé en Haiti, détruisant les postes de police au Gonaïves, et ont continué leur acte de rebellion dans les différentes autres villes du nord du pays, y compris la prise d'assaut du commissariat central de Hinche tuant le commissaire et de deux autres policiers, au total, 49 personnes ont été tuées par les opposants au gouvernement Aristide et l'accuse de corruption et de distribution d'armes aux bandits qui terrorisent la population. Les organisations internationales comme le Caricom, l'Onu, l'Oea et l'Union européenne ont tous appelé les différents factions en conflit en Haïti de trouver une solution pacifique à cette crise qui ne cesse de se dégénérer, car les rebelles appuyés par les anciens militaires et les membres paramilitaires exilés en République Dominicaine ne font que continuer leur marche dans le nord du pays, ainsi les partisans du pouvoir lavalasse se mobilisent dans la capitale. Les deux camps ne veulent faire aucune concession. Selon la presse international, le gouvernement d'Aristide est corrompu et le peuple haïtien entassé de plus en plus dans la misère et de l'ignorance en a marre; il veut le départ d'Aristide. Mais, quand analyse les situation du pays en profondeur, les dominateurs communs restent et demeurent inchangés, les politiciens haïtiens ne font jamais de compromis; ils préconisent du jusqu'au boutisme ou la solution de la table rase; la haine et n'ont aucun amour pour leur patrie; je l'avait dit au début de ce livre et je persiste et signe. Le mal est dans nos coeurs, il n'existe pas de pardon pour les démunis et même s'il y avait compromis, il ne durerait pas car l'un des partis le violera. Parce que tout ce qui interesse les hommes politiques haitiens n'est rien que de leur poche et veulent des élections truquées pour arriver au pouvoir. Donc, Haïti aujourd'hui est dirigée par plusieurs groupes:les supporteurs d'Aristide, les anciens supporteurs d'Aristide révoltés contre lui, l'opposition contre Aristide, l'ancienne armée d'Haïti, les groupes paramilitaires qui ont terrorisé le peuple haïtien durant les trois années du coup d'Etat du général Raoul Cédras, septembre 1991-octobre 1994. Exploitée, trahie, violée, bluffée, dexacée, apprauvrie, Haïti ne sait quand ses cris de liberté, de paix, d'union et d'amour entre ses fils deviendront réalité, mais elle continue de croire qu'un jour sa foi réunira ses fils sur une même table; la table de loi, de la discipline, du respect des autorités établies, de sa constitution, de l'établissement d'un système de judiciaire crédible où les juges rendront justice d'après la loi et non d'après l'argent qu'on leur a payé, deux siècles d'indépendance, deux siècles de barbarie, de coup d'Etat, d'assassinats, d'ambition de pouvoir, de corruption, d'égoisme et d'injustice sociale. Jusqu'à quand la misère du peuple haïtien prendra fin, quand on sait la communauté internationale ne réagit quand les situations politiques haitiennes se pourrissent. En fait, selon les experts en relation internationale, après le retour d'Aristide en Haïti en 1994, le pays n'avait reçu aucune aide promise par les pays communéments appelés:" amis d'Haïti"; au contraire ces pays ont financé l'opposition contre Aristide. Cela ne veut pas dire qu'Aristide est un saint, comme il le fait croire, mais l'union européenne, l'USAID, et les autres organisations internationales ont suspendu leur aide au gouverment haitien qui venait de passer trois années en exil, et un peuple détruit par des blocus économiques depuis des années.

Après le retour forcé du président Jean-Bertand Aristide par la communauté internationale en 1994, spécialement par les 20.000 GIs de l'armée américaine, Haïti n'a pas retrouvé sa place au sein de la communauté internationale en tant qu'un

Etat démocratique. Les raisons qui expliquent cette incapacité de ce pays d'avancer vers la démocratie et le progrès sont nombreux comme nous l'avons expliqué dans les chapitres précedents, mais, sur le terrain les choses ne sont pas aussi faciles à cause de la polarisation des forces politiques en présence et le manque de sensibilité des politiciens haïtiens, et cette situation a pris naissance dès l'indépendance et se poursuit aujourd'hui encore après deux siècles d'indépendance, cette politique de nègre contre nègre se poursuit et les autres pays étrangers qui se disent "amis" se foutent pas mal de nous allant jusqu'à dire que les haïtiens sont desbarbares surtout après le débarquement des rebelles au Gonaïves le cinq février 2004, tuant, brûlant des postes de police ouvrant la porteaux conséquences incalculables et désastreuses voire la guerre civile.Il existe un slogan bien connu en anglais: " it's blacks killingblacks", c'est-à-dire des nègres s'entretuant. Pour eux, le panoramaest le même dans presque tous les pays où les nègres se dirigent, ils ne font que s'entretuer pour conserver les revenus de l'Etat et du pouvoir;c'est une honte mondiale que les nègres n'ont aucune discipline et du respectde leurs frères et ainsi ils jouent le jeu de ceux-là mêmes qui ne veulent que leur destruction. Ainsi, Haïti, première république noire du monde n'a donné d'autre exemples au monde que la division, la haine, l'hyprocrisie, la honte, des coups d'Etat sanglants et pour ne citer que ces examples là; car l'histoire de cette nation est douloureuse et faite d'épopées immenses et le peuple haitien se trouve au milieu toutes choses, esclaves maltraités, libres humiliés depuis deux siècles et l'ironie du sort ses nouveaux sévices sont imposés par ses propres fils déguisés en nouveaux colons, donc ce peuple a été remis en esclavage masqué par des mercenaires nationaux. Ainsi, aujourd'hui, les luttes politiques qui se poursuivent en Haïti en 2004, à l'approche de deux décennies du départ des Duvalier.

Nous l'avons bien dit dès l'indépendance, les cancers d'Haïti sont les haïtiens et ce pays est détruit, pillé, violé, humilié, dexacé, et taxé de noms les uns plus humiliants que les autres; et la bataille pour le contrôle de la caisse de l'Etat continue sur le terrain, on s'en fout pas mal de la nation haitienne clouée au Golgotha de l'histoire, qui ne sait à quel saint se vouer pour demander pitié, de l'aider à surmonter la passion de dix millions d'hommes et de femmes qui n'avaient rien faire que de vouloir d'être libres. Mais, cette liberté leur a coûté chère, leurs vies assez souvent. Mais, pourquoi car Dieu nous a créé libre, et non seulement cela; il nous a donné la liberté, de quoi à vivre, ie, de manger, boire, et de l'intelligence, de pouvoir faire la différence entre le bien et le mal; mais dans notre pays, on dirait que notre savoire faire se concentre plus sur le mal car tout au long de l'histoire de nation haitienne, les politiciens haitiens ne font que diviser le pays et cette bataille pour le pouvoir à souvent conduire au coup d'Eta voire à l'intervention étrangère. Comme nous l'avons dit aux pages précédentes, pendant les deux siècles de d'indépendance haitienne, le pays a enregistré plus de trentes coups d'Etat, et l'armée américaine a du intervenir en Haïti pour rétablir l'odre. Malheuresusement, une autre intervention militaire dans ce pays n'est pas trop loin; car toutes les conditions sont réunies à cet égard, les politiciens haitiens vont une autre fois la provoquer, surtout après les actions des rebelles au Gonaïves et dans les autres villes du nord et plus particulièment l'irresponsabilité des politiciens qui ne savent pas faire de compromis pour sauver leur pays. En effet, l'opposition haitienne a rejété une proposition de la communauté internationale qui, prévoyait un partage de pouvoir entre Aristide et l'opposition. Le 23 février 2004, lors d'une conférence de presse, Evans Paul et André Apaid ont réitéré leur détermination à obtenir la démission du président Aristide seul responsable, selon de l'opposition, de la situation de violence qui sévit dans le pays. De sa part, Mr Apaid responsable du groupe 184 et membre de la plate forme démocratique, a souhaité un départ non violent et pacifique du président

Aristide. Selon un plan de la de la communauté internationale Aristide devrait rester au pouvoir jusqu'à la fin de son mandat le 7 février 2006. Ce plan également prévoit la nomination d'un gouvernement de coalition et le choix d'un premier ministre qui inspire confiance. Mais l'opposition a proposé son propre plan, selon lequel, avant le 18 mars un conseil de sages composés de 9 membres sera désigné pour accompagner le prochain gouvernement et un premier ministre choisi parmi trois noms présentés par la plate forme démocratique; un nouveau président issu de la cour de cassation entrerait en fonction au départ du président Aristide d'après la contre-proposition de l'opposition. Il est important de rappeler les événements qui ont poussé les choses à se dégéner en Haïti, en effet, le 16 décembre, 2001 on assisté à des manifestations de soutien au gouvernement d'Aristide dans les principales villes du pays pour célébrer l'anniversaire des élections de 1990 l'ayant porté au pouvoir. Le lendemain, soit le 17 décembre marque le début des protestations violentes à Port-au-prince, en effet, des rebelles lourdement armés avaient attaqué le palais national, qui a provoqué les partisans du pouvoir à se révolter en incendiant les locaux des partis de l'opposition et a entrainé des manifestations dans les rues. Ces événements ont alarmé les organisations de défense des droits de l'homme, ainsi, le NCHR(coalition nationale pour les droits haitiens) avait accusé le gouvernement d'Aristide d'avoir organisé une grande campagne de diffamation contre ces organisations et a déclaré qu'il existe une liste noire des personnes à assassiner dont les défenseurs des droits humains. Et le 19 décembre de cette même année, Gérard Pierre-Charles, coordonnateur général de l'opl (l'organisation de peuple en lutte) a confirmé que son organisation a trouvé un accord avec le régime en place pour dédomager son parti après les domages causés par les manifestants du 17 décembre. Le 20 décembre le gouvernement a décidé d'interdire jusqu'au 8 janvier toute manifestation à caractère politique, et dans un message de noël, la conférence épiscopale a présenté un tableau de la situation du pays macabre du pays et a appelé les haitiens à construire la paix et la réconciliation. Et dans la soirée du 25 décembre, un attentat a coûté la vie à Maxime Séide, garde du coprs de madame Michèle Montas, veuve du fameux journaliste Jean Dominique, assassiné le 3 avril 2000 en compagnie d'un gardien de la station Radio Haiti Inter dont Jean Dominique était la propriétaire. Le 26 décembre 2002, le groupe 184 formé de différentes institutions et de regroupements et d'autres secteurs de la société haïtienne ont adopté 7 conditions essentielles à mettre en place avant d'engager un processus électroral crédible en Haïti. Les signataires de cette proposition ont donné au pouvoir jusqu'au 15 janvier 2003 pour satisfaire leur exigence. Selon elle, une fois que ces demandes soient satisfaites elles vont réclamer la mise en place de la coopération internationale sur le plan de sécurité. Ainsi, le 1er janvier 2003, diverses organisations de l'opposition ont annoncé le lancement d'une mobilisation visant à obtenir le départ du président Aristide. Le 4 janvier de cette même année, l'association nationale des distributeurs des produits pétroliers(Anadipp) a accordé au gouvernement haïtien un délai allant jusqu'au 14 janvier 2003 pour revenir sur sa décision de hausser d'une façon irresponsable le prix des produits pétroliers. Et le 13 janvier, presqu'un millier étudiants ont manifesté à Port-au-prince pour protester contre l'assassinat d'Eric Pierre, qui était un étudiant en 3ème de medecine. Les manifestants ont accusé le régime lavalasse d'avoir organisé le crime et demandait le départ du gouvernement d'Aristide pour mettre fin aux violences et à l'insécurité. Et à l'occasion de l'ouverture de la 47ème session de législature, le premier ministre a déclaré que la crise politique a empêché à son cabinet d'être effectif, mais il a dressé un tableau positif des réalisations de son équipe gouvernémentale. Le 20 janvier, le groupe 184 a rendu publique un second communiqué dans quel, il a critiqué le refus du gouvernement de répondre à leurs demandes faites le 26 décembre et a lancé un mot d'ordre de grêve pour le 24 janvier. Ces organisations avaient en outre demandé au gouvernement d'appliquer la résolution 822 de l'Oea qui prévoyait l'organisation des élections législatives anticipées en vue du déblocage d'aide internationale. Le juge Bernard St-vil; chargé d'enqêter sur l'assassinat du journaliste Jean Dominique et de Claude Louissaint, le 3 avril de l'année 2000 à Delmas, avait remis son rapport au chef du Parquet de la capitale. Le secrétaire général de l'Association des Journalistes Haitiens(AJH) avait conclu que ce rapport constituait un impact important vers l'identification des auteurs de cet assassinat. Ainsi, les enseignants du secteur avaient lancé un mot de grêve pour le 29, 30 et 31 janvier qui a été respectée en grande partie dans les différentes localités du pays. Entre-temps, le 5 février 2002, le président Aristide avait demandé à l'Oea de matérialiser l'assistance technique à Haïti en vue de réaliser des élections législatives et locales pour l'année de 2003. L'Oea avait promis de d'accorder une assistance technique à la professionnalisation de la Police nationale et d'encadrer le conseil électoral et aussi de supporter la compagne de désarmemenent. La communauté internationale avait proposé par l'intermédiaire dun spécialiste américain, en l'occurence monsieur Ira Lowental un plan de quatre points pour sortir le pays de l'impasse politique créée par les élections de l'année 2000, cette information a été rapportée par une station de radio en date du 11 décembre 2003. Voilà le contenu de cette proposition:le désarmement, l'arbitrage international, la formation de gouvernement de tansition et un président constitutionnel. Le 7 février de l'année 2002, le gouvernement a rendu publique un arrêté présidentiel nommant 7 des 9 membres qui devraient constituer le Conseil électoral provisoire (Cep). Par ailleurs, le 4 janvier 2002, des centaines de partisans de Jean-Claude Duvalier, se sont réunis en Floride, ils ont discuté les différentes possibilités de retourner en Haïti et surtout de reprendre le pouvoir. Le Boston globe a dénoncé dans édition du 6 janvier les conséquences négatives de l'embargo imposé sur Haïti par les Etats-Unis; dans ce même article ils ont les organisations internationales travaillant dans ce pays à jouer plus efficace dans la distribution de l'aide humanitaire afin de réduire les conséquences négatives de cet embargo sur le peuple haitien qui, vit déjà dans des conditions misérables. Le 24 janvier, une délégation du centre des droits de l'homme présidée par la Ethel Kennedy l'épouse du sénateur Robert Kennedy assassiné en 1968 est arrivée en Haïti pour une durée de 24 heures. Parallèlement, président Aristide a reçu ce même jour des représentants du congrès américain, ces congressmen lui a demandé de tout faire pour combattre le trafic de la drogue. DAns cette même ligne d'idée, le conseil permanent de l'Oea s'est réuni le 30 janvier sur la situation d'Haïti, au cours de cette réunion, les représentants des pays dits "amis" d'Haïti ont réaffirmé au gouvernement, à l'opposition et à la société que la résolution 822 de l'Oea est le seul moyen pour résoudre la crise politique haitienne, ils ont aussi propsosé l'envoi d'une mission en Haïti. Et le 30 janvier, le département d'Etat américain a rendu publique une liste des pays qui ne travaillent pas sufffisamment contre le traffic de la drug, selon ce rapport, plus de 8% de la cocaïne interceptée aux Etats-Unis est provenue d'Haïti de l'année 2002.

Ces informations constituent un résumé succint des différents événements qui se sont déroulés en Haïti pendant plus de trois années, il existe d'autres faits saillants qui se sont passés dans mon pays pendant cette période mais j'ai choisi les événements qui me paraissent les plus importants. Mais, ce qui me marque et qui a marqué et marquera l'histoire d'Haïti est simple, la division, l'égoisme, le racisme et le refus de faire de faire des concessions. Je l'ai dès le commencement que les politiciens haitiens sont aveuglés par le pouvoir et l'ambition d'être riches sans se soucier de la misère des haitiens. Il faut faire disparaitre l'autre pour accaparer sa palace, c'est l'une des raisons qui a détruit les chances de cette grande nation de connaitre la voie du progrès. Les problèmes d'Haïti sont les haitiens, indiscplinés et refusent de compromis pour sauver son pays et cette indiscipline ne changera tant que le coeur de l'haïtien ne changera pas, tant que les riches ne savent ne s'assoient pas sur la même table avec les démunis pour créer une Haïti nouvelle, car ils représentent le moteur du pays, tant que l'intelligentsia haitien ne réalise que l'avenir du pays leur appartient et que rien au monde ne sauvera cette nation que leur patriotisme. Aujourd'hui, notre pays est humilié, maltraité, abusé et classé parmi les pays les plus pauvres du monde, même si; nos ancêtres n'ont pas pu nous donner les infrastructures nécessaires devant servir de bases aux institutions du pays, mais ils nous ont donnné un slogan"l'union fait la force". Ce slogan est la base même du développement, de la liberté, du travail, pour ne citer que ceux-là, malgré cette dévise, les haitiens ne font que s'entretuer pendant des années et aujourd'hui, il est temps de nous aimer, riches, pauvres, montagne noire, cité soleil, macoutes, lavalassiens, anciens militaires, police nationale et enfin, les groupes armés, Haïti vous appartient tous, il nous faut nous unir, nous aimer et travailler pour le bien du pays. Rien n'est plus sûr que pour mener notre pays au bon port, il faut l'amour de l'un pour l'autre; il faut un pardon du coeur pour celui qui a fait du mal, nous sommes tous humains, donc égoistes, mais malgré cet esprit d'égoisme l'amour fraternel remportera la victoire si nous acceptons nos fautes et oublier le passé avec sincérité, cet alors et alors seulement Haïti pourra devenir cette grande nation que nous aimerons avoir tous. Mes amis m'appellent l'idéaliste, mais dès mon enfance, Haïti a été ma passion, les haitiens mes amours mais ma voix ne peut changer les haitiens mais mon coeur peut le faire peut-être, je ne suis pas un politicien, mais un haitien rongé par les souffrances les plus dures que les autres en particilier voyant que mes propres frères se déchirent comme des imbéciles oubliant que leur pays leur appartient et qu'il faut savoir vivre ensemble, Macoutes, lavalasses, anciens militaires, bourgeois,classe moyenne, pauvres et j'en passe.

Le président Jean-Bertrand Aristide a démission le dimanche 29 février 2004 sous la pression des Etats-Unis, de la France et du Canada, des rebelles. La France a été le premier pays qui avait demandé implicitement à Aristide à démettre de ses fonctions, mais il avait rejetté cet appel. Mais, Aristide n'avait d'autre choix que de quitter le pays car les puissances internationales ne le supportaient pas et il devrait décider de rester en Haïti à mourir ou de quitter le pays; surtout après le dernier communiqué de la maison blanche du samedi 28 février critiquant Aristide d'être seul responsable de la situation de violence qui régnait à Port-au-prince. Mais, les choses ne restaient pas là car plusieurs politiciens ont à leur tour blamé l'administration Bush d'avoir cédé aux pressions des rebelles; principalement Charles Rangel et d'autres membres du black caucus; mais, l'administration a justifié sa décision de ne sauver Aristide, à cause, selon elle, Aristide était responsable des bandits qui sèment la terreur parmi la population civile, et l'accuse de corruption et du traffic de la drogue. Vingt-quatre heures après son départ, le conseil de sécurité des Nations Unies ont approuvé un projet de résolution dépêchant une force de maintien de paix en Haïti. Mais, les Etats-Unis ont envoyé des marines pour arrêter les désordres et les actes de pillages. Mais, le pentagone a précisé que les marines vont rester seulement à Port-au-prince pour protéger les sites stratégiques, ie, le palais national, l'aéroport pour ne citer que ceux-là et ils seront suivis plus tard par une force de paix des Nations unies. Cependant, Aristide a appelé ses amis du black caucus leur faisant croire qu'il a été enlevé par les militaires américains et forcé de quitter le pays. Et ainsi, la guerre des mots continuent entre la maison blanche et les supporters du président qui ne marchent pas leurs à savoir que les Etats-Unis ont organisé un coup d'Etat en Haïti en utilisant des rebelles comme instruments. Un peu plus loin, Aristide a reproché au gouvernement américain de l'avoir fait passer 20 heures dans un avion sans destination. Toute cette politique se déroule sur les yeux des politiciens et du peuple haïtien divisé par leurs ambitions aveugles avec la complicité des étrangers pour atteindre leur but. La grande victime de toute cette débandadade est le petit peuple haïtien; de la bourgeoisie à la classe moyenne aux pauvres; nous sommes tous perdants non par le fait que Jean-Bertrand Aristide est échu mais par le fait la seule victime est tout le peuple haïtien engagé dans une bataille fraticide depuis l'indépendance voire" les nègres s'entretuent", l'anarchie, le chaos et la haine des haïtiens contre ses frères c'est la honte, l'humiliation, la souffrance dans les différentes bidonvilles d'Haïti et l'aisance et la joie de vivre dans d'autres, pourquoi tant de différences entre un peuple d'un même pays, nous acceptons la diversité haitienne mais nous regrettons la misère noire dans laquelle vivent des millions de nos frères et pourquoi tant d'insensibilité des hommes et femmes riches haitiens. Nous sommes tous des frères, nous sommes tous des haitiens, de montagne noire à cité soleil, de Port-au-prince aux Irois, il n'existe qu'une seule Haïti, qu'une seule nation, qu'un seul drapeau; le temps nous fait la guerre, la haine, la jalousie nous ravagent, il nous faut un autre pacte pour éliminer la division à jamais, mais le plus souvent la réalité haitienne nous rend pessimiste, parce que je ne suis pas le seul haitien qui aimerait voir l'union, la fraternité, la prospérité et l'amour entre les fils d'un mêmes pays; c'est le rêve de la majorité des haitiens. Mais, li semble que les forces du mal l'emportent sur le bien.

Beaucoup de gens pensent Haïti devrait se consacrer plus à la prière, aux jeûnes car ses problèmes ne font que de se multiplier; et à chaque crise politique le pays a perdu des millions de dollars dans les actes de pillage, de destruction des propriétés privées tout en oubliant que tôt ou tard l'économie du pays va payer le prix. Aristide a-t-il donné sa démission ou a-t-il été forcé ?Aristide a déclaré que les diplomates étrangers l'a forcé de quitter le pouvoir, en effet, dans un entretien téléphonique avec l'Associated Press, il a déclaré qu'il a été forcé d'abandonner le pouvoir par les américains, mais le secrétaire d'Etat américain a porté un démenti formel aux déclarations de monsieur Aristide; il ajouté que l'ancien président a quitté le pouvoir volontairement, il a dit en outre qu'il n'a pas été enlevé. Selon lui, une fois Aristide avait rédigé sa lettre de démission, les Etats-Unis avaient dépêché un avion à Port-au-prince pour l'aider à partir. D'autre part, Aristide continue de faire savoir au monde qu'il a été "kidnappé" ou enlevé par les forces américaines sur Cnn, entre-temps, les nations de la Caricom, de l'Afrique du Sud, ont démandé une investigation de la communauté internationale pour savoir les faits qui ont poussé monsieur Aristide à fuir son pays. Toutes ces déclarations se poursuivent dans un climat où Haïti n'a jamais été la priorité de la communauté interntionale, pour la simple et bonne raison que les grandes puissances en particulier la Farnce ont toujours considéré Haïti comme une nation rebelle bien que cette nation ait payé des millions de dollars pour se faire accepter comme un Etat indé1pendant mais l'ironie du sort on ne l'a jamais pardonné, ainsi Aristide qui a des ennemis a demandé à la France de rembourser à Haïti les 150.000.000 soient des milliards de dollars de francs versés à l'ancienne métropole. Ainsi, la France pris de rage a juré d'avoir la peau d'Aristide; donc les français ne sont pas innocents au départ forcé d'Aristide, cela a expliqué la prise de position de la presse française et du ministre des afffaires étrangères Dominique de Villepin, il a été le premier diplomate ayant demandé le départ d'Aristide explicite de suivre les Etats-Unis et le Canada qui ont oublié totalement la Caricom et L'Oea. Le contentieux que la France a eu avec Aristide sur la dette de l'indépendance et d'autres ennemis extérieurs sans compter les différentes forces en Haïti qui ne l'aimaient pas. Malgré les erreurs qu'Aristide aient commises, il devrait finir son mandat de cinq ans. La démocratie haitienne a pris coup dur, car Aristide a été le premier président élu démocratiquement dans un pays où on assisté à 32 coups d'Etat pendant deux siècles d'indépendance. C'est malheureux que nous haitiens ne respectons pas le jeu démocratique. Nous devons avoir honte que nous ne pouvons pas nous entendre que nous nous sommes laissés diviser par les politiciens de poches, et malheureusement la haine et l'hypocrisie sont reines en Haïti.

Presque deux décennies après le départ des Duvalier, Haïti a connu deux interventions militaires étrangères à cause de l'indiscipline des haitiens incapables de montrer au monde qu'ils aptes de se diriger, voire de se dire indépendant, à quoi cela va se servir quand on ne respecte pas les autorités établies; quand les droits de tous les haitiens ne sont pas garentis, des droits prévus par la constitution, quand l'haitien tue, hait et trahit l'haitien. Dans cet ordre de choses, y a-t-il un avenir meilleur pou un pays détruit par la haine, la trahison et le refus des nègres haitiens d'accepter qu'ils sont des frères d'une même patrie. J'ai écrit ce livre dans des moments difficiles, dans des moments où les jeunes haitiens ne savent quoi faire pour trouver la liberté, le travail, le respect de ses droits inaliénables garentis par les chartes des Nations unies et la constitution du pays, mais au contraire, le peuple haitien est victime de l'incapacité des politiciens de faire respecter ses droits inscrits dans ces chartes, mais comme on utilise ce proverbe souvent en Haïti "konstitisyon se papye bayonèt se fè". Donc, au lieu d'assurer les droits de tous les haïtiens à vivre dans le bonheur, le respect des droits de tous les haitiens à la vie, à la liberté d'expression, et j'en passe mais les politiciens passent deux siècles à abuser le peuple haïtien, et maintenant Haïti est détruit, il lui faudrait 120 ans pour recupérer ses forces, ses beautés mais peut-être la nouvelle génération de jeunes apportera une dimension dans ce pays terrorisé par des politiciens inconscients et apatrides. Avant de conclure nous avons une envie de mettre en d'aborder le problèmes des réfugiés haïtiens, en effet; tout récemment, cette histoire a fait un grand échos aux États-Unis, plus particulièrement, en Floride où plus de 200 haïtiens se sont jettés à la mer et dans les rues afin de se réfugier aux Etats-Unis; fuyant la situation économique, politique et sociale haïtienne. Toute cette scène se déroule sous les yeux impuissants du gouvernement haïtien et des hommes politiques livrés dans une bataille rangée pour le contrôle du pouvoir depuis deux siècles, et il n'existe aucun signe que cette lutte se terminera bientôt car la concession ne fait pas parti du jeu politique, comme ma grande mère avait l'habitude de dire dans notre vernaculaire: <<retire pye w, pou m mete pa m>>. Les Etats-Unis peuvent jouer *un très grand rôle au développement d'Haïti, en aidant au reboisement et à la création des routes et aussi aider les agriculteurs haïtiens à créer plus de voies de pénétration dans nos neufs départements, ce rêve est possible si nos dirigeants politiques abandonnent leurs ambitions politiques aveugles, l'egoisme et se concentrer à travailler au développement d'Haïti. Et demander aux Etats-Unis de leur aider en ce sens. Nous pensons que les haitiens sont en majeure partie responsables du sous-développement d'Haïti, en 2004, ou la commémoration du bicentenaire d'indépendance, les faits que nous avons analysés ont prouvé que nous haïtiens, sont incapables de pardonner nos frères, de lui apprendre à pêcher au lieu de lui donner à manger. Il faut un pardon, un vrai pardon du coeur, il faut nous aimer, aimer Haïti, aimer nos frères, mêmes ceux-là qui nous tuent, qui ont assassiné nos parents, en un mot, aimer Duvalier et ses bourreaux; aimer Aristide et ses chimères, aimer les politiciens professionnels à ce moment là, et à ce moment là seulement, le premier pas vers le progrès commencerait, il faut nous unir macoutes, lavalassiens, anciens militaires,police nationale, et toutes les compasantes de la nation haitienne, doivent donner la main, se réconcilier, Haïti sera belle, Haiti sera jolie, Haïti sera classée par les pays avancés; et de plus, éliminer nos divisions pour bâtir une meilleure Haïti, sera profitable aux générations futures C'est un grand rêve, il nous revient de le concrétiser manitenant. Il parait que nous sommes poursuivis par le mal, mais notre croyance dans une société haitienne belle, verte et prospère peut toujours fleurir si nous retournons aux belles anciennes pratiques" je pran kou nen kouri dlo", ou encore l'union fait la force" men anpil chay pa lou". Les haïtiens de la diaspora devraient s'unir, comme la diaspora juive l'a faite, nous sommes tous victimes de l'humiliation, de* l'incompréhension, et du racisme, mais ces situations ne devraient pas nous pousser à nier notre nationalité, au contraire, nous devons être fiers d'être haïtiens, de vivre comme des frères, de nous s'entraider, car nous avons quelque chose qui nous appartient, qui nous est unique comme toute autre peuple. Nous oublions ces faits le plus souvent à cause de la division institutionalisée en Haiti et ailleurs, mais, nous devons attacher à des objectifs précis, à des buts communs et ne l'oublions jamais quelque soit la situation; l'union fera toujours la force, les américains l'ont fait, les juifs aussi l'ont réalisé et pourquoi pas nous! nous ne manquons pas de chromosomes comme dit l'autre, mais nous avons besoin de l'amour fraternel et d'un changement de *notre coeur. Les différentes recherchent en Haïti revèlent que le peuple haïtien est fatigué de la politique et des politiciens et ceci à travers les différentes couches sociales. On a l'impression que le peuple haïtien est déxacé, que sa confiance a été violée voire trahie. Il est temps que les politiciens haitiens se réalisent que le peuple en a marre et qu'il ne veut plus avaler les couleuvres*

Comme nous l'avons dit dans ce livre ce serait unitile de demander aux politiciens haïtiens de s'entendre pour sauver Haïti car ils sont aveuglés par leur obsession de diriger le pays tout en oubliant l'intérêt du pays passe avant toute chose. Mais la plus importante chose que les haïtiens doivent faire aujourd'hui est de pardonner ses frères, de pardonner ceux-là mêmes qui l'ont assassiné pour piller les caisses publiques en vue de devenir riches, de se réconcilier avec ses boureaux, de bannir nos préjugés, que le noir et les hommes de couleur font un seul peuple ayant un pays commun, Haïti et que les hommes politiques haïtiens savent que le pays leur appartient et travailler pour son bien, c'est une condition sine qua non pour qu'Haïti devienne un seul pays, une nation où l'amour et

59

la fraternité règnent, cela ne serait pas facile mais au moins les générations futures bénéficieront de ce geste patriotique; et Haïti sera classée parmi les pays développés et rien ne pourra arrêter son avancement vers le progrès économique et son rêve d'être classée parmi les nations les plus riches du monde. Ce n'est pas une tautologie mais l'espoir de voir l'amour l'emporte sur la haine; c'est l'unique raison qui m'a poussé à revenir plusieurs fois sur l'union et la réconciliation entre les fils d'un même pays.

IL n'existe pas de développement sans liberté, ni de développement sans la liberté d'expression, ainsi la majorité des pays développés ont mis ces deux notions en pratique pour *povoir balancer le jeu politique, ils ont aussi pris en compte les droits de leur citoyen à la démocratie, à l'éducation, au travail et* au droit de s'exprimer libre. Aussi, la mise en application de ces droits ne constituent-elles pas le rôle de l'État haïtien, des partis politiques, de l'appareil judiciaire et des spécialistes en question en vue de sauver le pays détruit par deux siècles de conflits fraticides. Garentir ces droits aux citoyens c'est aussi relever le défi du sous-développement et de la démocratie. Pouvons-nous accepter que les générations futures nous fustigent de n'avoir pas dénoncé la situation agonisante d'Haïti. Quelque soit le feedback de ce livre, quelque soit le jugement de l'intelligentsia de mon pays, je suis fier de l'ïcrire et si rien n'est fait pour sauver Haïti, le pays ne pourra survivre car il en a assez , il faut une nouvelle chance pour cette nation déchirée, ravagée par l'égoisme, l'ambition et le manque d'amour fraternel. Sans ce changement de coeur l'infrastructure et la superstructure continueront de souffrir.

Comme conclusion, ce livre représente une vue générale partagée par une majorité d'haitiens qu'ils soient riches ou pauvres, macoutes ou lavalassiens qui sont timides de s'exprimer. J'ai pris l'initiave de le faire pour eux, en fait, depuis la fameuse découverte de l'amérique, notre pays a été maudit par les actes de banditisme des colons appelés précurseurs du Nouveau-Monde, ainsi, ils ont volé, maltraité voire exterminer les habitants d'hispaniola. Haïti est devenue le pinata des journalistes, en la critiquant, la dénigrant et plus particulièrement l'appelle le pays le plus pauvre de l'hémisphère, c'est évident que la nation haitienne est mal menée par ses propres fils; mais elle reste une terre arable, inexploitée et victime de l'inconscience de ses fils. Mes réflexions sont des résultats des années d'expériences, d'un expectateur et d'un haitien, ravagé, en constatant le mal infligé au pays par ses propres fils. La vérité a souvent des répercussions dures mais nous n'avons pas peur de dire ceux qui nous font mal au coeur. Jésus Christ a été crucifié par avoir dit la vérité, pour avoir demandé aux pécheurs de se repentir, pour avoir déclaré qu'il était le fil de Dieu; comme conséquence il a été tué. Aujourd'hui, je viens d'écrire sur Haiti, petit pays mais grande nation, humiliée par ses propres fils, j'espère des critiques même optimiste mais connaissant le coeur de ceux-là qui ne veulent que la destruction de leur propre pays, je crains que ce livre leur donne une raison de me détester, mais comme notre Dieu est le roi du ciel et de la terre, il me couvera de son manteau de potection. Ma conclusion un peu plus haut est irréaliste mais je crois qu'un jour l'haitien se réalise qu'Haïti l'appartient et travailler pour son bien et son développement.

Haiti

Haiti my love
You were robbed
Since birth and since
Then you never really
Have a peaceful life
Your history is a drama

Haiti my love
You give us education free
But we never pay you back
It's like we take all for granted
Knowledge, love,
Honesty and wisdom

Haiti my love
You taught me everything
That I know and I think that
I robbed you too but in my heart
You know that I still love you
And maybe some day I'll make it up to you!

Bibliographies

Brève histoire de la Caraïbe par Roseline Ng Cheong-Lum L'histoire des Arrawaks et Les Caraïbes D'Haïti Jan Rogozinski Haïti, sa place dans le monde Suzanne Anthony Haïti, l'enchantement du monde Martin Hintz La Caraïbe, les terres et leurs peuples Silver Burdett Les librairies de Northeast de Philadelphie; des Etats-Unis nous avons fait des recherches online via Netzero, nous permettant d'obtenir les éditions de nouvelles sur Haïti. Et nous avons aussi revisité nos anciennes notes de Faculté Linguistique Appliquée; Université d'État d'Haïti.

About the Author

My name is Romane St. Louis, I was raised in Haiti, grew up there; I went to school, high school and college there. I learned communications, journalistic practices, and methodology of translation. I taught languages and psychology of education

I have worked for the United Nations specifically with the international civilian mission attorneys on several international treaties on human rights for the U.N., and faculty linguistics appliqué of Haiti where I learned linguistics. I have also helped revised text both in French and in Creole.

I speak Spanish, French, English and Creole.

I attended Massasoit Community College in Boston and Holy Family University in Philadelphia.

I am a Microsoft user specialist, from Sylvan and Gogliano Centers, Inc. Brockton MS.